天
Borderless
下

Dignity

Its History And Meaning

Michael Rosen

尊严

历史和意义

[英] 迈克尔·罗森 — 著
石可 — 译

法律出版社

著作权合同登记号
图字：01-2013-7948

前　言

“那你告诉我，”有一天我和朋友，杰出的人权律师克里斯托弗·麦克拉登喝咖啡，他这么问我：“哲学家关于‘尊严’都有什么说法？”我看过 C. P. 斯诺和迈克尔·英思的小说，而且我总是想象牛津的高级公共活动室的气氛，因为不同学科间的交叉碰撞非常令人激动。不过，如果那样的事情真的发生了的话，也不会按照我的想象来发生。所以，现在我的机会来了！不过我必须承认，我们谈话开始得并不理想，“或许来点我所知有限的康德的知识？”我这么回答。

幸运的是，克里斯托弗是一个有毅力，同时也很宽容的提问者，而我进一步思考的结果以及和他更多的谈话，现在就在读者的手中。不过，在向帮助我的想法成型、纠正我的想法的诸位致谢之前，让我再谈谈本书呈现的方式。

人们常说，一般的读者很难进入现在的哲学——这当x 然是一件很遗憾的事。如果说一个受过教育的人应该对我们的文明赖以建立的科学知识有所了解（对这一点我没什么疑问），那么还需要多少，他才可以有一个概念性的框架，从而把这些知识以及一些用来指导行动的、反思性的详细原则放置其中。在伦理和政治生活中，哲学原则带来的问题永远带给我们压力，不管你愿意与否。当你的问题是“什么样的性活动是正确的？”“要不要支持某项政治提案或安排？”时，我们都必须为自己下决定——即使最终我们是决定跟随某种权威所指出的方向（顺便说一句，这么做当然要比在技术问题上跟随专家复杂得多）。所以，当然有很好的理由要求哲学越过它的职业边界去抵达新的听众。

但有一个好的理由并不意味着这就是可能的。哲学和一般读者之间的鸿沟或许是不可避免的。我们不指望没有经过专门训练的人能够理解基因学或者天体物理，那么为什么人们就应该能够理解哲学？但这个鸿沟就是我们为进步所要付出的代价。

写出能够被广泛接受的哲学绝非易事。这并不是因为哲学先天的就比其他学科难（事实上它们都很难），而是因为，哲学非常排斥某种形态的流行化。正如现在很多优秀活跃的科普作家所表现的那样，用某种方式确实可以再现科学研究（甚至是数学研究）的结果，这些方式不要求读者能够理解支持这些结论的技术细节，也不要求读者自己去检阅这些结果是如何获得的。但是通过这种方式去描述哲学的先进立场——假设我们对此达成了共识但不对采取这些立场的原因做一个说明——那就纯属浪费时间。（良好的）哲学论述过程（在任何程度上），让我们有可能去支持那些在哲学之外形成的合理论断，也有可能去质疑那些天经地义的信条。它们是主题最基本的组成部分——没有论述过程的哲学就是没有球的足球运动。 x

不去切实地做哲学，我们就无法有用地呈现哲学——然而做哲学要求的先决条件是如此之多。哲学是一个整体论的学科，最终，所有的问题和理论都与其余所有问题和理论联系在一起。所以，如果不能解决其他的问题，我们谈论一个问题的时候，至少要准备好把其他的问题“留待商榷”，至少对什么才能构成一个良好的哲学论述，我们（读者和作者）必须有一个共识，而这一点（哲学家们都很清楚，非哲学家听闻的时候往往惊讶，甚至是愤怒）本身就具有尖锐的争议性。打个粗略的比方，哲学家好比象棋选手。如果一个哲学家的论述是具有决定性的，那么当他“走出一步”（提出一个论断，或者推进一个立场）的时候他理应能够抵挡所有可能出现的反制步数——实

际上，要对这一步下面所蕴藏的、可能以倍数方式扩大的
xi 树形结构有所论述。不仅如此——此处是象棋和哲学的不同——他必须做好准备，解释好为什么这个游戏必须要按照这个规则而不是其他的规则来进行。所以在实践中，哲学论述应该具有完整性的理想形态只是一种空想。哲学家面对的，是重复着的一系列不舒服的选择，去决定哪些是无须论辩的真理，哪些则需要在任意一个阶段都被拿到桌面上来辩论。一方面，要想让这个论述进行下去，作者和读者之间必须要有共享的哲学假设；另一方面，挑战假设恰恰是哲学的工作。

如此严格意义上的“证明”在哲学中其实并没有太大的意义，哲学性的立场很少能被证实，因为与它们不同的立场也很少被全然地排斥——空隙总是会被填满。即使要这么做，对于有理智的、心态开放的人来说，在智性上付出的代价也高得荒诞。但这也不意味着哲学就不是一件理性论辩能处理的事，约翰·斯图加特·密尔在他的实用主义（Utilitarianism）中论证的恰恰就是这一点。虽然他也承认，“证明”并不适用于关照最终目的的哲学问题（自然也就是对实用主义的辩护），“‘证明’这个词有更大的意义，在这个更大的意义里，‘最终目的’这个问题适用于‘证明’，正如其他不同观点的哲学问题适用于‘证明’一样。这个问题的范围在人的理性能力的认知范围

内，而理性能力不仅仅在直觉的层面上处理它。思虑能够用给予或者撤销对教条同意的方式来决定智性。而这就相当于'证明'”。更直白地说，恰恰因为我们不能达成一种数学式的理想证明，所以才不能双手一撇，得出结论说哲学不过是个人偏见。我们可以为某个立场给出原因或者用这些原因反证它，而这些原因都是有分量的，即使它们不是决定性的。 xii

所以，这就是为什么用浅易可接受的方式来实践哲学如此之难的一部分原因。相应地，这些理由也解释了哲学为何会有分化成各种“学派”和“传统”的倾向。不同的传统所争诠的不仅是前景中的事情，而且（相应也就更难处理）也是背景中的假设，没有这些假设，那些哲学性的话语就无法继续。

然而，哲学在今日无法被轻易地接受，另有一些原因，这其中大部分和过度职业化有关（这里我主要指在英语世界）。我猜测，这种状况和科学在学院中的统治地位以及它对同侪评议（peer review）的强调有很大关系。当然，这种科学学术期刊非个人化的写作方式，以及用批评性的同侪评议建构学科的做法都得到了很大的辩护——当然在科学中，没有比获得坚实的、可重复的结果对实验科学更重要的了——但把这种做法扩大到哲学确实是有问题的。不可否认，可表述性对哲学也有好处（我不禁要

想,当代“欧陆”哲学中那种做作的、无法被批评的风格,
xiii 在多大程度上是缺乏这种学科纪律导致的结果),但这样也有损失。如果因为上述的种种原因,关于哲学论述完整性的理念不可达到,那么通向“严格”的努力就会导致防御性的倾向,这样的倾向会妨碍雄心,而且会让研究者对付那些与自己在背景和表面上最亲近的人(一个人最天然的同侪评议者)的反对意见,以保护自己那块小小的领地。这样,损失的就不仅仅是可接受性,还有挑战基本假设(无论是自己的还是别人的)的意愿,而后一点,对于我们很多人来说,正是做哲学的初心。而很多当代哲学赖以产生的气氛,只能说是书斋主义(Scholasticism,不管这个标签在历史上讲有多不公平)。

一种更加非正式的方法,更适合这本书,对我来说有几个原因。其中很明显的一个是,像我和麦克拉登的对话说明的那样,不仅仅是哲学家对尊严感兴趣。如果让我所探讨的内容更加容易被这样的读者接受的代价是缩减专业的讨论,我认为这种代价是值得的。再者,我一开始的回应也不完全就是错误的,本来也不存在一个大量的、系统性的关于尊严的当代哲学文献群,需要人来回应它的论证。

然而,不是每一个我将要探讨的题目,都被如此地忽略了。我会进入两个互相联系着的领域:对康德道德哲

学的解释和道德责任的特征——这两个方面在任何哲学领域都被大量讨论过。而我将要进行的论述,和关于这 xiv
个题目已有的写作大相径庭。在这种情况下,我使用不那么复杂精密方法的原因和第一个原因相反。回到我的象棋比喻,我所处的情形是,在一个棋局中经常达到的地步,有人提出要进行一个非常激烈的、非正统的走法。当然,我认为我有足够好的理由来进行这一步,而且我志在描述出这种走法。不过我应该用坦率的探索精神来进行,把我自己限定在那些在我看来是最有说服力的原因之内,同时不需要试图用复杂的论证来证明,传统的阐释是误导性的。如果你不同意此种意见,而我又无法说服你,那么就只好如此;但是,我希望,至少你能够赞许我在这里提出的理由。

我把本书称作一本哲学著作,理由是充分的,因为任何人都会同意,我上面提到的它处理的主题,是哲学的核心问题。但是我更倾向于"政治理论"这个标签。并不是因为我觉得政治理论和政治哲学是彻底不同的两个主题。相反,在我看来,所有被称作"政治哲学"的,都可以在政治理论中被找到,而且,它们彼此重叠,两者之间并没有重要的区别。不过,有人认为,"哲学"这个术语就是为某些特定的理论化工作预留的,这种理论化工作应该是纯粹"分析式的",或者"概念的",或者"先验的",而本

书包含的材料却不是这样（或者任何对上述词汇类似的
xv 理解）。我本人对哲学的定义实际上要宽泛得多。我的观点是，最好的推进方式（至少在政治哲学中），是做好准备允许事实进入我们规范性的反思活动中，把历史当作我们概念性分析的一部分。不过在这里，这一点是我的基本假设，而不是我要为之辩护的东西。从任何意义上讲，政治理论并不被这种闭关锁国的政策危害，政治理论应该是一个大篷车相遇的绿洲——拜托，这种说法是如此的“政治理论”。

我很荣幸能够受邀于2007年在波士顿大学的本尼迪克特系列讲席上阐述我关于尊严的观点。这里的文字是我讲义的改订和扩充版。我对邀请我的主人阿伦·加列特和詹姆斯·施密特感激不已。我尝试着把课程形式中那种非正式的、个人的语调保留下来，希望能让我阐述的内容更易于接受（也许，更有娱乐性）。

那么要做到这一点，一个必须的抉择是关于脚注的。现今关于脚注的讨论有不少［安东尼·格拉夫顿（Anthony Grafton）的专著几乎涵盖了这个主题的所有方面］，但是没有人能假装脚注可以让读者更轻松地阅读一篇作品。在哲学写作中使用脚注，以加上一些次要的思想以及反对意见的情况并不少见（康德这么做几乎到了强迫症的地步）。但是我认为，它们的使用在今天真是过于泛滥了——或许是因为那种冲动,试图要把刚才我提到的种种不同的路径堵死,或者仅仅就是因为各种文字处理软件让加脚注变得如此容易。当然,不管怎样,各种观点的主张应该有被辩护的权利,而读者也完全有权利自己去探索。总而言之,我苛求自己只写少量一些尾注 xvi
(由页码和几个关键词来注明),这样,我希望即使它们被忽略了,也不会有什么要紧的损失。

其他对这些原初材料有所回应的听众分布在:土伦大学墨菲中心、柏林亨伯德特大学、加州大学伯克利分校[我在那里使用了一些本书中使用的观点,来回应杰里米·沃尔德伦(Jeremy Waldron)精彩的坦纳讲座(Tanner Lectures)]、哈佛大学撒弗拉伦理学中心。约翰·弗里克是一位价值无法估量的研究助手,除了帮助我找到相关的研究材料之外,我还受益于他绝佳的批评意见(恐怕我还没有领教全部)。对于个人评论和建议,我特别感谢:艾娃·阿塔纳索、埃里克·比尔博恩、约书亚·钱尼斯、G. A. 科恩、马克西米连·德·根内斯福德、艾莉森·德南姆、瓦·切·戴莫克、蒂娜·爱蒙兹、汉娜·金斯堡、阿南德·吉利德哈拉达、山姆·古德曼、詹姆斯·格里芬、迪特·格里姆、若尔夫·霍茨曼、松屿市美、马汀·杰、亚历山大·克、塔鲁纳·凯坦、曼弗里德·库恩、雷伊·朗顿、哈维·曼斯菲尔德、克里斯托弗·麦克拉登、弗兰克·迈克尔曼、索菲亚·梦露、埃里克·内尔森、布莱恩·奥康纳、勒纳·洛尔巴赫、南希·罗森布鲁姆、迈克尔·桑德尔、埃里克·索斯沃兹、卢卡斯·斯坦柴克、约翰·塔西乌拉斯、理查德·特克、杰洛米·沃尔德伦,以及三位尖锐的、哈佛大学出版社的匿名读者。在感谢我的编辑麦克·阿伦森之前,我无法结束这篇前言。他的耐心和幽默感,是每一个作者所祈求的——我只希望他感觉到作为结果的
xvii 这本书能够配得上他的热情。

引用和缩略语说明

本书正文内对康德的引用都来自标准德文版本，方式如下所述：缩略语“Ak.”（代表康德全集学术版本，即 Akademie Edition），在本书正文中出现的时候，后面都跟有两个数字，以冒号隔开，第一个数字是卷数，第二个则是页码。所以 Ak. 4:436 的意思是康德全集，卷 4，第 436 页（实际上，也是《道德形而上学基础》中的页码）。在行文中我会简要地提到被引用的著作的英文译名。这样，无法阅读德文的读者也可以看明白这种引用系统，因为大部分康德全集的翻译（包括现在的标准剑桥版）都在页边上印刷了德文《全集》的原页码。

正文中引用的教会文件，我都在梵蒂冈的官方文件中找到了官方英文版本。正文中的引文之后括号中的数字，表明它在原文中是第几段。德国宪法法庭

(Bundersverfassun-gsgericht)判决，以 BVerfGE 表示，后面的数字是卷宗数索引。

目录

1　所有空头道学的教条 / 001

1.1　骗术(humbug)? / 001

1.2　西塞罗和他之后 / 012

1.3　康德 / 020

1.4　优雅和尊严 / 032

1.5　尊严和平等 / 038

1.6　等级秩序 / 046

1.7　尊重权利和尊重的权利 / 052

2　尊严的立法 / 061

2.1　有尊严的侏儒们 / 061

2.2　德国 / 074

2.3　康德学说的背景:人性的公式 / 077

2.4　天主教义和基本法 / 087

2.5　解释基本法 / 096

2.6　达施纳和航空安全法 / 099

2.7　到底有没有恒定的解释 / 102
2.8　唯意志论 / 113
2.9　结论 / 119

3　**对人性的责任** / 122

3.1　人道主义(Humanism) / 122
3.2　实用主义(Utilitarian)的回应 / 125
3.3　外部主义 / 126
3.4　非人事物或许具有内在善 / 128
3.5　责任 / 131
3.6　康德 / 136
3.7　非柏拉图主义的责任 / 149

注解 / 154
索引 / 165

1　所有空头道学的教条

1.1　骗术(humbug)?

19世纪哲学中的“吝啬鬼”叔本华,对有关人的尊严的探讨,有着这样一种独有特色的、愤世嫉俗的犬儒观点:“**人的尊严**这个说法一旦被康德说出之后,接下来就变成了所有纠结的、脑中空空的道学家们的教条(shibboleth)。隐藏在这个宏伟华丽的说法后面的是,这些人缺少的是道德的真正基础,或者说,从任何意义上讲,缺少有任何意义的道德。他们狡猾地指望这样一个事实:他们的读者会乐于把自己投入到这种**尊严**当中,然后会相应地感到相当满足。”叔本华对吗?关于尊严的探讨仅仅是骗术吗?对尊严的讨论,像是一种建筑的宏伟立面(pompous façade),只满足我们的自尊,但背后实际上没有任何实质内容吗?

当我们考虑到"尊严"这个词在当代的政治、伦理讨论中变得有多么重要,叔本华的批评就很让人烦扰了。在现代人权的言说(discourses)里,尊严是一个中心概念,是政治生活的标准规范,是国际上最被广泛接受的框架,埋藏在无数的宪章、国际法和宣言里。尊严的观念扮演
1 着关键的角色。比如,自20世纪40年代起的两个关键文件,1948年的联合国人权宣言(the United Nations' Universal Declaration of Human Rights)和1949年的联邦德国基本法(Grundgesetz of the Federal Republic of Germany)。在这两个文本中,尊严的概念都占有至关重要的位置。联合国人权宣言的第1条(article)的第一句是这样的:"所有人类生来自由、拥有平等的尊严和各项权利。"联邦德国基本法的第1条写道:"人的尊严不可侵犯。尊重它、保护它是所有国家权力的职责。据此,德国人民认为不可侵犯、不可剥离的人权是每一个社区的基础,是和平和世界正义的基础。"

然而,我们也无法由这种文本里"尊严"和人权的接近关系就得出结论说,尊严仅仅是一个自由主义的虔诚信条。2006年8月,伊朗总统马哈茂德·艾哈迈迪-内贾德(我想我可以公平地说,他的宗教虔诚要比他的自由

主义明显得多)给德国总理安格拉·默克尔去了一封奇
怪的信。这封信出自这样一个信念,引用写信者自己的
话,这个信念是,“所有对上帝有信仰的人,他们的共同责
任是保卫**人的尊严**和价值,防止他们的权利被侵犯、使他
们受到羞辱。从这个信念出发,我们全部都是全能的神
所创造的,他把**尊严**赐予我们所有人,任何人没有凌驾于
他人之上的特权”。看来内贾德很喜欢关于尊严的一套说 2
辞,但在寄给默克尔这封信之后不久,他拒绝了国际社会
关于伊朗交出核计划的呼吁。他强调说,伊朗不会被西
方所吓倒,会继续走在“尊严的道路”上。

“尊严”经常出现在以信仰为基础的伦理体系里,虽然它不是任何宗教特有的修辞财产,但在天主教思想中,它最为重要。教皇约翰·保罗二世在1995年3月颁布的训谕(Encyclical)《生命福音》(Evangelium Vitae)中,谈论的主要问题是避孕、堕胎和现代生育技术(25. iii. 1995)。在这个训谕里,“尊严”这个词至少被使用了56次。虽然清教没有这种单一的权威旨意,但尊严也是当代清教写作的一个常见主题。比如,雷因霍尔德·尼布尔(Reinhold Niebuhr)就告诉我们,人的尊严“由独特的自由构成,这自由不仅仅可以超越自然之‘法’,或者与古典文化和现代文化绑定的理性,而且可以拒斥超越人以之存在的那种结构”。与此同时,大受欢迎的德国神学家、《论

人的尊严》(*On Human Dignity*)的作者于尔根·莫尔特曼(Jurgen Moltmann)这样写道:“每一个人的尊严都基于他和上帝的相似。”(约翰·保罗二世或者本尼迪克特十六世也完全有可能说出这样的话。)

到底可以在多少语境里和这个词相遇?下面是一个我个人的例子。就在我写作这本书的时候,我面前就放着一篇文章,作者是《纽约时报》的专栏作者大卫·布鲁克斯,题目是“寻找尊严”。文章里,他对含蓄和自我约束这两种美德从美国公共生活里消失的现象遗憾不已,他称这些品质为“尊严规范”(他认为奥巴马总统受人崇
3 敬的形象是对这种趋势的抵挡)。2008 年的伊格诺贝尔(Ig Nobel)[1]的和平奖授予“瑞士联邦非人类生物技术伦理委员会以及与之相关的瑞士公民,因为他们把植物的尊严写入了法律”(下文会有更多的讨论)。《泰晤士报》在一名最近去世的英格兰足球经理的讣告中描述到,在他生前一场令人心碎的失败之后,在赛后的记者招待会上(正如一个英格兰足球经理常要做的那样),他被流行媒体恶意攻击、言辞侮辱,但他表现出了“斯多葛主义和尊严”(同样都不难预料)。更加让人难受的一个例子是,智利的匹诺切克时代,有一个原教旨的德国境外传教士基地被秘密警察用来折磨和谋杀暴政的反对者,基地的

① 即俗称的搞笑诺贝尔奖。——译者注

管理者是一名前福音派教士(以及恋童癖),而这个社区的名字是“尊严之基地”(Colonia Dignidad)(最近我收到一封垃圾邮件,标题邀请我“成为一个有巨大尊严的男人”,我没有打开,不过我想我能很准确地猜中其内容)。

然而,当我们从哲学的角度来看待尊严的概念,情况就变得很不一样。很明显,虽然在当今人类生活中任何有意义的方面都有哲学专家、学术会议和记者参与其中,从体育到建筑、从战争到性,但对于尊严这个概念的哲学兴趣之稀少还是很令人惊讶的。比如,那本参考超级丰富广泛的书——《劳特利奇哲学百科全书》(Routledge Encyclopedia of philosophy),就没有“尊严”的词条。就算哲学家们注意到尊严的概念,他们也经常显示出不屑或敌意的态度。2002 年,哲学家露丝·麦克林(Ruth 4
Macklin)在《不列颠医学杂志》上发表了一篇文章,文章的题目基本上能够概括它的内容:“尊严是一个无用的概念。它除了意味着尊重人,或者尊重他们的自律性(autonomy),不会有更多的内容了。”根据麦克林的说法,“诉诸尊严,要么是对其他更准确的概念的模糊重述,要么就仅仅是口号,对理解这个概念毫无帮助”。

和叔本华一样,对麦克林来说,尊严这个概念,最好的情况也不过是个累赘——任何有关它的内容只不过是出自另一个价值:自律性。用英语写作的当代哲学家,提到尊严的本来就不多,而上面的看法在他们之中很常见。詹姆斯·格里芬(James Griffin)这样写道:“自律性是理性代理力①(agency)中的主要组成部分,而理性代理力组成的是,哲学家们用不太必要的模棱两可的语句经常指称的、所谓的一个人的‘尊严’。”似乎可以确定的是,已故的乔尔·范伯格(Joel Feinberg)也持这样的观点:“尊重人可能就是尊重他们的权利,两者无法脱离对方而存在;而所谓‘人的尊严’可能仅仅是可辨认的、提出主张的能力。那么,尊重一个人,或者认为他拥有人的尊严,就仅仅意味着我们认为他是主张的潜在提出者。”对于弗因堡来说,尊重人的尊严就意味着尊重人,而我们尊重人的方式和我们尊重法律的方式毫无二致。就像我们尊重限速,所以我们以低于50公里的速度驾驶,我们以一样的方式,通过尊重人的权利来尊重人——不会用酷刑折磨
5 他们、不会随意逮捕他们,如此等等。

然而,上述这种认为尊严概念多余、认为它应该被更基本的价值所代替的看法,并不是导致人们对尊严在当代道德言说中被使用的方式有所怀疑的唯一原因。另外一个可能的原因是,有些看法认为尊严有它独特的价值,

---

① 简言之,Agent,有行动能力的主体,故翻译为代理者;agency,有行动能力的主体的行动能力,故翻译为代理力。目前的汉译哲学写作中通常不作区分,通写为“代理”。——译者注

但并不像人权宣言或者德国基本法所宣称的那样，是一个普遍性的道德价值。与其说尊严是所有人类之所以为人的基本美德特质，还不如说尊严是某种更谦恭和严格的事：是一种在人类的行为里彰显自身的美学属性，或者说是一种品德（如果这两者有所不同）。按照这一看法，（至少）某些人（在某些时间里）是被尊严化（dignified，为行文方便，下文通译为“赋予尊严”或者“有尊严的”）的，但尊严并不是一个普遍的、不可剥离的人类属性。人类应该平等享有的各项基础权益，尊严并不为它们提供一个根本的理由。这些权益体现在人和国家的行动，以及和其他人类种族成员的关系之中（或者，把上述这些绕口的说法用简单的术语来代替的话，即**人权**）。

最后，对尊严的怀疑可以采取第三种形式——认为尊严的概念没有自己连贯的意义，它的内容是由一系列外在的政治、社会、宗教信条给予的，所以“尊严”这个词仅仅承担一个容器的功能。不可否认，“尊严”的用法有各种变体。我们可以发现尊严被简单地用来占据道德上的反对位置。比如，约翰·保罗二世坚信尊严要求所有人类——从受孕胎儿，到所有重要身体功能都正在消失的个体——的生命都不可侵犯，而瑞士的安乐死组织的“尊严”（Dignitas）出名的原因是，他们协助那些希望“死得有
尊严”的人士结束生命。天主教会宣称他们对每一个人的 6

尊严的信念,而这个信念和他们的信条"同性恋行为就是内在性地失序"自相矛盾。而"尊严美国"(Dignity USA)这个组织,用这样的语言来描述自己:"我们期望我们的理想能实现,并为之工作。我们的理想是,这样的时代会到来,男同性恋、女同性恋、双性恋和变性者中的天主教徒能够被承认,能够通过他们的精神生活和性生活的合一感受到尊严,而且作为被上帝所爱的子民充分参与到教会和社会生活的各个方面。"

或者参考一下吉西·阿鲁达(Geisy Arruda)女士的例子。根据 BBC 报道,阿鲁达女士是圣保罗班德兰特大学的一名学生,有一天下午穿着非常短的红裙子来上课的时候,"激起"了同学们的"嘲笑和侮辱"。接着,她被学校开除,因为她"明目张胆地展示了对伦理原则、学术尊严和道德的不尊敬"。当然在大量的媒体曝光之后,学校撤销了这个决定,她的律师随后提起赔偿诉讼,用他们的话来说,损失在于"尊严被践踏"。

那么,有意思的问题是:"尊严"的用法是否多样?谁能否认这种多样?为什么有这种多样性?如果这个词的意思这么让人迷惑,而原因仅仅是因为它背后的理念很复杂,那么就不该压制哲学家们,应该让他们去把它弄清楚,对不对?难道厘清混乱(至少它最重要的部分)不是一件该做的事吗?接下来我会展示,这个术语不同(而且

经常互相对立）的用法背后确实有系统性的原因。我认 7
为解析“尊严”这个理念最好的办法是回顾它的根源，它和所有在政治生活中拥有相当意义的概念一样，是历史性的。不过，在做这件事之前，我要再赘述一下我在这本书里的计划。

在本章剩下的部分里，我会考察“尊严”这个词被使用时产生的不同意义。作家们解释“尊严”观念史的时候，经常使用一个办法，我将它定义为“圈子扩张”叙事。从这个角度讲，和人权理念一样，“尊严”一度是社会精英的属性，然后它朝外、朝下扩张，直到对所有人都适用，而这都是那个伟大的、漫长的、人人平等的基本观念被接受的过程中的一部分。这个描述部分正确（也有吸引力），不过在这个描述之外的说法一样很重要，因为它们有助于理解“尊严”这个词在今天是怎么被使用的，以及为什么它成为这么多不和的来源。关于“尊严”的意义，历史上存在明显不同的线索，这些线索在不同的时代有时合而为一，有时分列前行。这个历史有一个重要的特征，那就是“尊严”未必被限制在只适用于人类的范围里——不管是整个人类还是他们中特定的精英群体，这个现象是无法用“圈子扩张”叙事来解释的。另外，在 19 世纪，天主教会把“尊严”作为一种猛烈的反无产阶级言说来使
用。而事实是，之后“尊严”和天主教思维又成为近义联 8

想，在其他场合“尊严”又和平等、人权观念成为近义联想，代表着一种智性上重要而猛烈的转变，而不仅仅是走向民主的漫长而笔直的道路上的一步。

第二章关注的是“尊严”在最近的法律言说中如何被使用。被人权宣言和联邦基本法这样广泛传播、措辞明确的文件中的宣言所鼓励，人们自然有这样一个倾向，去想象“尊严”是一种“内在的、超越性的内核”——所有人类与身俱来的、不可见的性质，“尊严”是仅仅作为人就会拥有的道德主张（而且也是有责任去坚守的状态）。如果这就是“尊严”应该是的样子，那么这么多哲学家对之苛责也就不奇怪了。当然，康德主义者和天主教徒们**的确**对这个内在的、超越性的内核的内容有所描述——但那牵扯到更广泛的、形而上的研究，（说得轻松一点）不是每个人都接受得了。再者，至少就我所见，试图把这种基本性的概念付诸实践，从原则到应用，缺乏我们都希望能看到的、清晰有逻辑的路线。事实上，我有理由去想，声称基于这种内在的、超越性的内核而做出的法律决定，其本质是引入了一个或者数个其他关于“尊严”的意义（比如，按照被尊严化的方式去行动，或者以对某人的人性表达尊重的方式对待此人）。本章会区分这些不同的关于“尊严”的意义。

最后，认为“尊严”牵扯到对人性价值的尊重——这

一看法引出的是一个哲学谜题,(我本人也相信)其具有很大的兴味、深度和重要性。为什么要有这个责任?要 9
对人性表示尊重?如果没人能从这种责任的满足中得到好处——至少我讨论的“带着尊严”(with dignity)对待死者这个例子符合这个情况,我们为什么要有这个责任?在第三章中,我会对这个谜题提出一个很激进的解决方案,这个方案支持的伦理学方法,和目前在对这个题目的思考中占支配地位的方法颇为不同。

贯穿这三章的主题是,怎么样才能最好地理解康德关于“尊严”的观点(而且要带着充足的理由——我认为我对麦克克鲁登的最初反应也不完全是错误的)。康德把“尊严”和所有人类都拥有的、无条件的、内在性的价值联系起来,起到相当重要的、历史性的作用。而且是在对康德的援引下(尤其是他著名的论断,人类应该被当作目的对待,永远不可以仅仅被当作手段),人们尝试着把对“尊严”的尊敬原则转化成实践性的道德和法律判定。所以,如果我们要了解这个术语的历史、概念框架和它的应用,康德是绕不过去的。另外,我的论点是,康德的道德哲学,如果理解正确的话,实际上是挑战目前关于道德属性的统治性教条的代表,而后者让第三章中的谜题如此难解。当然我自己也不认为这就意味着我们应当接受康德关于道德的“柏拉图主义”(我这么叫它),但是给予道

德责任一个独立的位置，对我来说是有说服力的（而且，如果一切顺利，当我完成本书的时候，希望它对你也有说
10 服力）。

1.2 西塞罗和他之后

历史现象从来不只有一个来源，像位于河源地的泉水一样，它们从地下带着气泡汩汩而出，“尊严”也不例外。“尊严”源自这样一个概念，意指较高的社会地位，以及该地位给盘踞它的人带来的荣誉和尊敬。在包括各种古代语言的大多数语言中，都有表达类似概念的词。有相关知识的专家告诉我这个术语在中文、日文、韩文、阿拉伯文和波斯文里都找得到。希伯来《圣经》的詹姆斯一世译本中，有 4 种对尊严的用法，对应着 3 个不同的希伯来词。而这 3 个词都清晰地包含提升（elevation）和陛下/君威（majesty）的意味。有意思的是，有人告诉我现代希伯来语（ivrit）中，用来表示“尊严”的词，并不是那些和地位相关的词，人们更喜欢的是“B′Tselem”（在神之形中），出处是《创世纪》1∶27（“所以上帝以他的形象造人，用他的形象创造他”）。同时，“B′Tselem”也是以色列一个值得尊敬的人权组织的名字：被占领地区的人权信息中心。

不过就算在这种很早的阶段，西方传统里“尊严”的观念也远远不止于在一个特定的社会秩序里给予某人一个提

升了的地位。在产生巨大影响的古代文献、西塞罗的《论职
责》[De Officiis,(On Duty)]中,这一点很明显。而在西塞
罗的其他著作里,他使用的则是尊严(dignitas)的传统意义。 11
比如,他用组语“cum dignitate otium”(带着尊严的愉悦)来
表达,“最贤者”(optimi)在一个组织良好的共和体制里该
如何生活。很明显,这里的“dignitas”的意思就是“荣誉”或
者“有荣誉的地方”。然而在《论职责》里,西塞罗认为人类
拥有尊严只是因为他们是人,不是动物。他这样写道:“在
所有对责任性质的研究里,最关键的是,我们要一直记住,人
的性质要大大优越于牛和其他动物——它们唯一的想法是
为了身体的满足……人的心智则相反,是通过学习和反思得
到发展的……从这一点我们可以了解到,对于人类的尊严来
说,感官享乐是完全没有价值的。”斯多葛主义思想认为人
应该把自己看作“世界公民”,而西塞罗在这一段中使用“尊
严”的意义无疑继续着这种思维。问题的重点不是一个特
定社会中个人或者集体相对于其他的个人或者集体占据什
么位置,而是人类作为一个整体在宇宙秩序中占据什么位
置。所以,甫一肇始,尊严就被转义和延伸,来说明人类作为
人类所具有的性质。

描述地位方面的意义,是贯穿“尊严”这个词的基本主线。不过现在应该介绍这个词的另一个方面,这个意义可以追溯到罗马时代,过后很久才具有政治意义。拉丁词尊严

(dignitas)还有一个功能是用在艺术批评的语汇里,尤其是
12 用在修辞学里。尊严和它的近义词“庄严”(gravitas)[在西塞罗的《论演讲者》(de oratore)中]表示威严凝重的讲演,和轻盈有魅力的言辞相对,后者使用的词是轻逸(gratias)和魅力(venustus)。和现代的用法一样,拉丁文的尊严不仅仅表示演讲的风格,同样也用来描述演讲者他(当然永远是男“他”)自己。尊严的意义中,包含有对什么样的行为是“有尊严”的联想,在这里我们可以找到根源。

用“尊严”这个词来表示某种地位的现象,一直持续到基督教时期。比如,下面是非常著名的一封信。公元 494 年教皇格拉西乌斯一世(Gelasius I)写给皇帝阿纳斯塔西乌斯这封信来讨论教会和国家之间的关系:

“世界被两种主要的力量统治,教会神圣的权威和皇权。这其中教士的责任更沉重,因为他们需要根据神圣的判断来回答人中之王的问题。你知道,最仁慈的孩子,虽然你在尊严方面凌驾于所有人类之上,然而你也需要在那些负有神圣事务的人面前虔诚地低下你的颈项,从他们那里寻找你得救的方法。”

很明显,格拉西乌斯用“尊严”来表示皇帝的世俗地位(potestas),与之相对的是教堂神圣的**权威**(auctoritas),以及皇帝该如何面对上帝:比起世俗地位,这权威要至关重要得
13 多。然而,基督教对于这种事关“地位”的尊严观念有一种

永恒的紧张关系。地位的翻转是基督教式社会思想的基本隐喻(“最后的必将为先”),而这种思想有两个方向。有时候,像格拉西乌斯一世的信里表明的那样,这种观念导致的反而是对其他精神性的追求,而拒斥“尊严”的(作为世俗地位)价值。在另外一些情况里,宗教性的羞辱本身又被认为是真正的尊严。拉斯金(Ruskin)在他精彩的论文《哥特的性质》(*The Nature of Gothic*)中论述了这一基本思想。他认为,基督教“体察伟大之事,也体察微小之事,承认每一个灵魂的个体价值。不过它不仅仅承认它们的价值,它也坦承人性的不完善,它只是把尊严归于对不值得的人性的体认”[当百夫长邀请耶稣去他府上治疗他的女儿,耶稣回答“主啊,我不配”(“domine, non sum dignus”),这句话在天主教弥撒中不停地被神父重复]。

西塞罗把“尊严”的观念从某个特定社会中的个人地位,延伸到人类在更大的现实秩序中所占据的位置,这个观念在文艺复兴的时候被重新启动,最著名的当属皮科·德拉·米兰多拉(Pico Della Mirandola)的演说《人之尊严》(de dignitate hominis)——这个题目现在已经成型,但实际上是皮科去世之后人们加上的。皮科在这个演讲中对人性的描述,在很多方面是人类在现代社会中自我理解的基础。 14
他宣称,人独一无二的地方,恰恰在于人类绝不仅仅要满足于一个先定的角色。相反,人**选择**自己的命运,因为上帝给了人根据一系列的可能性塑造他自己的能力，而其他一切造物都没有这个能力。关于“尊严”这个概念如何在现代人权文件中使用，看起来皮科的演讲给了我们一个更加清楚的路径。“尊严”从一个特定社会中少数几个人社会地位的改变这样一件事，变为人类的一个一般特征，和他们能够独立自决的能力紧紧联系在一起。不过，事实上这只是当代尊严观念发展的线索之一。如果我们想充分了解这个词在今天怎样被使用，以及相应地由它引发的冲突，我们就需要一个更复杂的故事。

1623 年，弗朗西斯·培根把自己的著作《学问的长处》(*The Advancement of Learning*)扩译为拉丁文，取名《学问的尊严和长处》(de dignitate et augmentis scientiarum)。很有意思的是，培根把“尊严”这个术语运用在一个抽象的实体“学问”(learning)上。很明显，这样“尊严”就不能是有关社会地位的事情了，就算是它的广义也不行：在这种意义中，人作为上帝的创造物，是更广泛的、社会的成员。事实上，培根著作标题里的“尊严”(dignitate)，最自然的英语翻译应该是“值得”(worth)或者“价值”(value)。这不是培根使用“尊严”这个词所表达的唯一意义。比如，他在文章《论伟大的地位》的开头这样写道：“获得地位需要极大的努力，通过痛苦人们得到更大的痛苦；这有时候会是卑下的，然而通过没有尊严，人可以达到尊严。”和格拉西乌斯给皇帝的信一样，

“尊严”在这里的意义明显是比较高的社会地位(“位置”可以说是一个近义词)。具有反讽意味的是,那些让一个人能 15
够爬到高位的行为本身是“没尊严的”。我们在这里可以发现三个完全不同的意义:一种有价值的、但不局限于人类的特点,高的社会地位,带有让人尊敬特征的行为(或者那种不带有这些性质的行为,被认为是没有尊严的)。这三种意义同时存在于现代早期的同一位作者的作品里,今天也一样。

在17世纪用英文和用拉丁文的写作中,都可以找到把“尊严”当作一种评判价值的词语来使用的例子。弥尔顿在1644年的论文《关于离婚的规则和纪律》(*Doctrine and Discipline of Divorce*)的前言里声称,婚姻的价值在于,它是男人和女人之间的社会关系。他这么写道:“上帝用第一桩婚姻教导我们,为什么他要那么做。他用男人和女人之间愉悦而恰当的对话表示出,婚姻是为了让男人脱离孤独生活的邪恶,从中解脱出来,而没有提到那一直要延续下去的、繁衍的目的,**虽然无此必要,但在尊严的意义上那是次要的目的”**(我加的重点黑体)。在这里,弥尔顿不认为“尊严”是人的性质,甚至不认为它是婚姻的性质,而认为它是婚姻的目的所在。

实际上,用“尊严”这个词把某种价值赋予某种事物,而且很有可能是很抽象的事物,有很深远的根源。最为重要的天主教思想家圣托马斯·阿奎那，在他的《判定简评》(Commentary on the Sentences)中写道："尊严代表着某种事
16 物在它自己本身的意义上就具有的优点。"也就是说，对阿奎那来说，用我们今天的词语来表达，"尊严"是某事物的"内在价值"：在上帝创造的秩序中该事物按照神圣经卷或者自然法则的规定，占据了它该占据的位置而显现出来的价值(事物是被上帝创造的，因而也依赖于上帝，这个事实并不一定意味着"在它自己的意义上"就不能拥有好的性质，另外这个优点仍然可以内在于这个特定的、作为自身的事物，即便是上帝把它造就成这个特定的事物)。"尊严"的意义在于，某个事物在占据它该占据的位置时候所拥有的内在价值，这条线索贯穿着关于"尊严"的各种言辞系统，尤其是天主教。同时，如果我们还认为"尊严"本质上是一件有关社会地位的事，在这种思维的影响下，事情就会有所不同。从这个角度讲，人类当然是有尊严的，但从本质上来讲，尊严不是人类才拥有的。这个世界由很多事物组成，这些事物归根结底是上帝创造的，因此也拥有它们自己的尊严。这样，重要的问题就变成：对任何拥有尊严的这些特定事物来说，它们究竟拥有**什么样**的尊严？以及，它们凭借什么拥有这些尊严？

所以，如果回到皮科·德拉·米兰多拉的演讲，那么我们可以说，对于人拥有什么样的尊严这个问题，这个演讲给

出了一个答案。《人之尊严》探究的是学问的地位和价值,如此等等。不同的事物拥有不同样式的尊严,而它们拥有尊严的原因各不相同。因此,帕斯卡在他最著名的作品之一《思想录》(Pensées)里同意皮科的观点。他也认为人拥有高 17
于其他自然事物的尊严,不过他关于这尊严内容为何的论述是不同的:

“人不过是苇草,是自然中最孱弱的一种存在,但他是会思想的苇草。宇宙没有什么理由拿起武器摧毁他:一股蒸汽、一滴水都足以杀死他。不过即便宇宙想要摧毁他,人类依旧要比杀戮他的事物高贵,因为他知道他正在死亡,他知道宇宙的优势正在超过他。而宇宙关于这件事什么都不知道。所以**我们所有的尊严都依存于思想**。”(作者标记的重点)

1659年,博叙埃主教(Bishop Bossuet)做了一次布道:《论教会的贫困中至尊的尊严》(Sur l' eminente Dignity des Pauvres dans l' Eglise)。博叙埃是路易十六太子时期的宫廷太傅,他不主张社会平等,他给贫穷赋予的“至尊尊严”不是说它们和“高贵”具有一样的地位(甚至高于高贵),而是强调它们在一个具有完善秩序的等级秩序里独有的价值。高贵和贫穷都拥有尊严,但具体的内涵不同。写到这里,我想为瑞士联邦伦理委员会对于非人生物科技的政策辩护几句。《不靠谱科研年鉴》(Annals of Improbable)杂志主办的搞笑诺贝尔奖(Ig Nobel)颁奖的标准,是那些"先让人们大笑,之后又让人们思考"的成就。在我看来,瑞士联邦伦理委员会赋予植物尊严,真正做到了这一点。如果他们认为植物拥有和人类类似的某种尊严,那么的确是在宣称一些让人大笑的
18 说法。不过,如果严肃地对待这个天主教传统:不是所有的尊严都是**人类的**尊严,人类尊严只是尊严的一种形式(如果可以说,是极端重要的一种形式),或许植物确实有需要保卫的内在价值。至少(像搞笑诺贝尔委员会设想的那样)这是一件值得思考的事。

1.3 康德

我到目前为止总结了关于"尊严"意义的三条线索,这三种意义在十七八世纪都获得了广泛的传播。虽然如此,在伊曼纽尔·康德的理论出现之前,"尊严"这个概念在政治理论方面都没有什么位置,而现代人权的理论是站在康德这位巨人的肩膀上的。康德关于"尊严"的思想应该处于任何关于"尊严"的历史叙述的中心,这么说是合适的,因为在他之后的所有理论都受到他的启发,无论是正确的还是错误的理解。尽管如此,"尊严"在康德的伦理思想中起到的作用却不是那么直接的(或者说,不是很容易解释清楚的)。

德语中的"尊严"为"Würde",这个词在词源学上来说很接近"wert",表示"价值"或者"值得"。它的形容词形式是

“wurdig”,表示“有价值的”“值得的”“配得上的”,比如“配得上这个奖项”这样的用法,以及“获得尊严”。在英语和拉丁语里有同样的用法,比如“值得”(worthy),或者“主啊,我不配”(domine, non sum dignus),这些用法当然和德语词“Würde”有一样的词源,也有一样的双重含义。比如,我们说话的时候,会说“本地贤能”(local worthies)或者“值得信赖的人生赢家”(worthy winners)。虽然有些模棱两可,但德 19
语中“Würde”的用法和英语、拉丁语中的一样。比如,在现代德语散文相当有影响的重要源头之一马丁·路德的写作中,就可以看到。在他的《论基督式的解放》(*on Christian Liberty*)中,路德用这个词来描述一个真正的基督徒的精神条件:

“我可以把对我的奴役中的任何事情转化为有益之处。如此,十字架和死亡同时被迫来为我服务,共同为我的救赎来起作用。这是一种高贵的、至尊的尊严(enie bobe, ehrliche wurdigkeit),是真正的、全能的权柄,是精神的帝国。在其中,对于我自己的得益来说,没有什么事情会太好,也没有什么事情会太坏,只要我相信。”

除了《道德形而上学基础》(*Groundwork of the Metaphysics of Morals*, 1785),康德在其他作品中使用“Würde”这个词的频率要小得多。然而这部作品是他目前为止最广为人知、最广为研读的伦理学著作。所以毫不奇怪,人们认为这个概念在康德的思想中占有中心地位。

在这部著作里,康德一共使用了"Würde"16次。更具重要意义的是,从第5页到第8页,他一共使用了4次,在下面引用的段落里,康德这样解释道:

"在目的的王国里,所有的事要么具有**价格**,要么具有**尊严**。有代价的事可以被其他事,也就是它的'**对等物**'所代替,而剩余的另一方面超越于所有的代价之上,所以没有
20 对等物的事物是有尊严的。

与普通的人类倾向和需要相联系的事物都有**市场价格**。市场价格即便不以某种人类需要作为前提条件,也必定跟随某种品味,也就是说,带着一丝愉悦,仅仅在我们脑海无目的的游戏中就能生长出一种'喜爱的价格'(fancy price);这种情况构成了这样的条件:某些事物自身就可以构成目的,不仅仅有相对的价值,即价格,而且有内在的价值,即有**尊严**。

所以,道德就是一种单一的条件,在这个条件之下,理性的存在者本身就可以成为一个目的,只有通过这种方式,他们才可以成为目的王国中的立法者。既然道德以及人性目前为止都具有道德的能力,那么道德本身就具有尊严。"(Ak. 4:434–435)

这一段凝练而复杂的文字,是康德道德观的核心。很明显,他区分出了两种有关"价值"的含义:可以被替代的,即价格;有"内在价值"并且"高于一切其他价格的",或者像他

自己在接下来的一页写的那样，“一种无条件的、不可比拟的价值”，即尊严。（Ak. 4:436）确实，我们可以用这个短语来代替大部分康德对“尊严”这个词语的使用，所以当康德接着写下“因此，**自律**（autonomy）是人类本性中尊严的基础”的时候（Ak. 4:436），我们就可以轻松地解读为，自律是 21
人类本性基础的不可比拟的、无条件的价值。

康德在《道德形而上学基础》中关于“尊严”的核心观念，也就是尊严是一种“内在的”“无条件的”价值，令人惊讶地和阿奎那对尊严的定义异曲同工。阿奎那认为尊严是事物具有的“在它自己的意义”上的优点或好处。然而，在什么样的事物可以适用于这个概念的问题上他们的观点大相径庭。对于阿奎那来说，很多事物就其自身而言都是好的（确实，他可以争辩，任何上帝创造的事物都是好的，前提条件是它在上帝的创世秩序中占据一个恰当的位置）。而“尊严”对康德来说，则是一类有价值的事物所具有的性质，最终被证明只有一个因素：“道德，以及具有道德能力的人性本身。”

这些思想看起来有些复杂且不是很清晰，但事实上非常重要（而且据我所知，其并不广为所知），所以下面提供一个能澄清该问题的比较研究。想象一下，某个教授宣称他的某个学生的作品是“值得拿奖”的。说某个作品“值得拿奖”，很显然是说它是好的，但是并没有说好在哪里。我们知道一件作品的“好”需要具有什么样坚实的价值，即具有一些特征，使这件作品能说得上是表达充分、有原创性、细节丰富、充满灵思，等等。对于这些好的品质来说，我们是有标准的。但我们对“值得获奖”却没有独立的标准。相反，这位教授判定这件作品“值得拿奖”，因为它拥有更多具体的、有价值
22 的特征，或者这些特征的组合。所以“获奖性”不是一个具体坚实的价值，而是拥有那些性质之后才得到的某种抽象价值。这些性质让某个作品不错，但这个不错的方式和那些单纯“值得赞扬”的作品（如果有这样的作品）不错的方式不同。这个例子说明，对康德来说，尊严是**一种**价值，而不是价值本身。

康德在《道德形而上学基础》中对尊严的讨论，留下了一些很困难，但在哲学意义上非常重要的论题。我不会在这里探索这些问题（比如，“内在价值”意味着什么？不管什么东西，我们必须相信，拥有“内在价值”，就意味着它是“无条件的”，或者是“超越一切价格”的，这中间的道理是什么？）不过，不管我们给这些问题什么答案，康德的道德哲学总有一个无法被错过的特征：它不同寻常地把节俭谨慎和激进主义结合起来。根据他的意见，只有一件事拥有“无条件的、不可比拟的”价值，那就是道德本身——道德的最终目标就是道德！为了解释康德这个思想的各种应用，在后面我会回到这个问题接着谈。不过这一章的主要目标还是历史性的：

康德关于尊严的这些思想,如何在更广义的层面促进对尊严理解的发展。

我们已经看到,与阿奎那的思想一样,康德的尊严思想的中心是,不管什么事物,只要它拥有尊严,它就拥有某种内在的、“无条件的,不可比拟的”价值。但我们也应该注意到这两位思想家本质上的不同。阿奎那认为,上帝各个层级的造物,至少有潜力拥有各种不同种类的尊严(也许植物也包
含在内);而康德的概念则严格限定在人类,只有人类(据我 23
们所知)有能力根据道德行动,感觉到道德律令的力量。对于皮科·德拉·米兰朵拉(或者是培根,以及帕斯卡)来说,关于人类尊严的问题实际上是这样一个问题:人类拥有的是**什么样**的尊严?康德的影响让现在的人很自然地认为,“尊严”这个词的全部含义理所当然是**人类**的尊严。但是在康德之前情况却不是这样,在康德之后的天主教传统也不是这样。在康德的“尊严”概念中,人脱离开其他所有的造物而成为独特的存在。只有道德具有尊严,而只有人类于他们自身,拥有道德律令,所以认为人类像河流、树木或者狗一样是属于自然世界的一部分的想法是错误的。然而,康德的思想同时又是深刻的平等主义。尊严是所有已经到达“理性时代”的人类共有的性质,我们都遵照它的要求。不管我们在社会上占据什么地位,它赋予我们不可异化的内在价值。

康德的尊严观不像阿奎那那样依赖于上帝观念。为人

类赋予尊严,没必要一定要参照他们被创造时所依照的神的形象,或者因为他们在一个神圣自然登记秩序中占据了一个“合适”的位置。康德说(而且我也没有理由认为他不是真的这么想),我们的道德本性来自于上帝把我们创造成自由的存在这一事实。但是我们不依赖于任何对上帝的信仰,就
24 可以了解这个道德本性,这一点是我们尊严的基础。我们也不需要认为自然世界遵从于任何神圣的意志——只要人类拥有道德,他们自然就拥有尊严,不管外部事实看起来是什么样的。所以康德——不管他是不是有意这么做——开启了对人类尊严世俗性理解的道路。

康德式尊严概念的一个方面是,它和自律性的联系让它听起来非常现代。康德说,自律是“人类尊严的基础”(Ak. 4:436)。那么,看起来那些把“尊严”和“自律”等同起来的人(如之前提到的麦克林和格里芬),就是引用了康德的观点。然而进一步的考察表明,这也是有问题的。“自律”这个字由两个元素组成:“autos”(自我,self)和“nomos”(法,law)。显而易见的理解是,作为“加诸自身的法”意味着,自我就是一个主权者,某种按自己所悦行事的绝对王权。但这和康德的思想相去甚远。康德写道:“立法决定一切价值,它本身因此拥有尊严。”(Ak. 4:436)——这是最初的认为“立法”具有尊严。康德思想里认为的“**自律**”是,加诸我们之上的道德法则,是“不言自明的”(self-given)。这种理解

和现代对“自律”的理解差别很大,现代的自律是个体根据自己的判断选择自己生活进程的能力。当然,不管对康德文 25
本正确的解释是什么样的,都不妨碍人们对康德一向地读解。至少,“尊严”和“自律”之间建立起联系,康德起了关键作用。

同一句话里还可以找到另外一点至今还活跃的意义。宣称立法具有尊严之后,康德继续写道:“单单‘**尊敬**’这个词本身就提供一种为了衡量尊敬的、变化中的表达。一个理性的存在者必须要给出它。”(Ak. 4:436)康德把尊敬和尊严联系起来,很明显他把尊严和它的根源,作为表达社会地位的术语联系起来——尊敬是我们认定地位的特征性行动——不过他的方法是非常独特而创新的。根据康德的说法,可以被认作值得尊敬的特质,不是某个个体在某个特定社会占据特定位置,甚至不是因为人类作为世界公民而具有的普遍状态,而是道德的立法功能,是人类携带于自身的无法剥离的事情。

在《道德形而上学基础》之外,康德把这种人类代理者(agent)的基本的、值得被尊敬的核心,和更广泛的、关于我们应该尊敬的义务论述联系起来。在《道德形而上学》(Metaphysics of Morals,1797)“美德戒条”的第 11 节和第 12 节中,他讨论了羞辱和自我尊重。他说羞耻不是源自我们自己和其他个体地位的比较(这样会导致奴役的恶果),而是

源自向内观看，将我们自己、我们的行为和道德律令加诸我
26 们自身的要求相比较。所以，当道德律令让我们看清楚我们是什么人、我们应该是什么人之间的距离的时候，它制造出羞耻，它一样可以让我们产生自尊："从我们内在立法的能力，以及从自然人对自己的感受，他在自己内部迫使自己对道德人产生尊敬，同时，产生了极乐和最高等级的自尊，那种对自己内在价值的感觉……这种内在价值高于一切价格……并且拥有不可剥离的尊严……沉积起自己对自己的尊敬。"

对自我的尊敬，是人在自我中的骄傲，为人类本身所固有，事关于**荣誉**——而不是**傲慢**。"'傲慢'不同于骄傲本身……是对荣誉的爱，也就是在和他人比较的时候，不会在人的尊严上屈服于任何人的那种关切（所以，从这个意义上讲，形容词'高贵的'经常加在'骄傲'前面）。因为傲慢需要别人的一种尊敬，而这种尊敬却拒斥他人。"（Ak. 6:465）我们心中有荣誉的骄傲要求我们显示出至上的自我尊敬和独立，甚至面对上帝的时候也一样："跪下来，或者匍匐在地，甚至对天堂之物表达你的尊崇，都是和人性的尊严相违背的。"（AK. 6:465）康德思想用这种方式确认了道德里内在的尊严，奠定了强烈的关于荣誉的平等观——资产阶级的，如果你愿意这么定义——我们把这个荣誉等量地归于每一个人（包括我们自己），这和贵族对荣誉的理解完全不同，对

他们来说，荣誉是用低劣和优越层级排列起来的等级秩序中的一个状态。

最后，我想要提请读者注意，康德在《道德形而上学基础》中使用“尊严”的时候，带着一种微妙的、但却非常有意义的语义差别。在 Ak. 4:439 - 440（这个词第十四次出现）， 27
康德把职责义务和“崇高”（erhabenheit）联系在一起：

“从上面的论述我们可以很容易地解释，为什么当我们提到义务的时候，想到的都会是对法律的遵循，然而同时我们也发现，在那些完成自己的义务的人身上，体现出一定的崇高和**尊严**。如果他只是遵守道德法则，那么确实在他身上不会有什么崇高，然而当他同时也是尊敬**立法**的人，而且也只为那个原因遵从它，那么在他身上就一定会有崇高。”

崇高是 18 世纪美学理论的中心范畴，康德在《判断力批判》（1790）中对此有深入的讨论。简单来说，崇高就是那些当我们和它们相遇的时候，它们超越了我们的理解，因而在我们身上制造了敬畏惊叹的感情的事物。康德认为，在美学上，可以找到崇高的事物是那些“没有形式的客体，在它们之上，无限性得到再现”（Ak. 5:244）。康德并没有在《判断力批判》中把尊严和崇高联系起来，但是这个联系是显而易见的。（有趣的是，康德在很早的一部著作，即 1764 年的《就美丽和崇高的感情所做的观察》中，简要地讨论了这两者之间的关系。）

除在传统上被翻译为“崇高”外，德语词“erhaben”的意
28 思还可以是“优于”。所以在 Ak. 4:426 中，康德描述彻底善的意志的价值“优于”一切价格。前文一直使用的剑桥版翻译——“高于一切价格”（raised above all price）当然完全没错，但却不幸地失去了崇高的意味，就在两个段落之前，康德还提到“在一项职责义务的命令中体现出的崇高与尊严”（Ak. 4:425——这是在《道德形而上学基础》中第三次提到“尊严”）。道德法则拥有无条件的价值（在康德的术语系统里，这个价值是超越了“价格”的“尊严”），而它不屈从于任何我们可能具有的自然倾向。康德强调，这种超越的性质，以一种类似自然威力的方式存在，当这自然力提供了超出我们感知能力的现象，便能够在我们心中激发起敬畏和崇敬（这番比较让我们联想起《实践理性批判》的结论中一段脍炙人口的句子，“有这样两件事，当一个人越来越经常地、越来越稳定地沉思它们的时候，它们越发地在我们的心灵中注满常新的、日渐增加的奇迹和尊荣：我们头顶布满星星的天空和存于我们自身的道德法则”。Ak. 5:161）。

不过，值得注意的是，在这种情况下，Ak. 4:439－440 那段文字和之前的论述不同，“崇高和尊严”指的不是立法或者道德法则的性质，而是在那些“履行了自己的职责义务的人”的品格中显现的品质。尊严不是带着自身道德法则的所有人类具有的内在品质，而是那些追随道德律令的人所具

有的特征。这只是康德使用“尊严”这个词语很小的一方面 29
(而在 Ak. 339 – 340 的例外用法就我所知是唯一的),却是意义重大的一点,因为它把关于尊严的思想和处于背景位置的一系列意义连接在一起——尊严是一种行为的特点,是有尊严的(dignified)。康德的道德理论和他关于尊严的思想(尊严是一种性格或者行为显现出来的性质)之间的可能联系由弗雷德里希·席勒在他的论文《论优雅和尊严》中得到进一步的发展。

不过,在讨论席勒之前,笔者先简要总结一下康德的论述。最重要的是,对于康德来说,说某事物具有尊严,并不是赋予该事物一项独立的价值,而是说它具有一种特定种类的价值——内在的、无条件的、不可比拟的。然而,只有一件事情,确实地具有这种内在的、无条件的、不可比拟的价值:道德,以及具有这种道德能力的人性。人类是道德法则的肉身化,而道德法则的尊严让人类值得被尊敬。他们应该被他人尊敬,同样重要的是,他们有义务尊敬自己。人类具有道德法则,这是一件具有双重性质的事:这让人类内在性的就具有价值,同时,也先验地规定了他们应该如何行动。既然我们遵从道德法则,而道德法则的来源在于我们自身,那么人类就一定也体现“自律性”(不加修饰地说:他们的自我就是法则的来源),也因为这个原因“高于”自然世界。所以,道德法则的尊严和它本身是“崇高”的这个思想联系在一起。

因此，康德的尊严观不是一种“自然主义的”理论（也就是拒绝承认人类具有特殊性的那些理论），然而此处尊严也不依
30 赖于宗教性的视角。人类不需要通过领会创造者/神的目的才能辨认尊严。人类拥有尊严的原因是道德律，独一无二的具有内在性和无条件的价值，以我们自身为体现，仅以我们为体现，而且这个“内在的、超越性的内核”是我们平等地共享事情。在康德的影响下，尊严一定是人类的尊严，而尊严和平等一定相互联系，这个观点被认为是理所当然的（至少在天主教传统里是这样）。

1.4 优雅和尊严

在18世纪的文学批评里，“尊严”是一个经常被使用的门类，指的是行为中体现出的尊严[比如，大卫·休谟的亲戚兼朋友，卡玫斯勋爵亨利·休谟（Home, Henry, Lord Kames）的著作《批评的要素》（1762）里有一章，叫作“尊严和优雅”，写作风格和亚当·斯密的《道德情操论》如出一辙]。席勒的《论优雅和尊严》（über Anmut und Würde, 1793）可以说延续了这个传统。这是一部精彩的作品，具有原创性，不过也可以说，它讨论优雅和尊严这些批评概念，是席勒受到其朋友歌德的影响，试图用异教的方式，通过身体和心灵的合一来重启康德的道德哲学。

席勒给“尊严”下的定义非常清晰：这是一个美学属性。

他写道，尊严是“受难中的平静”。这个定义明显是从伟大
的德国艺术史家温克尔曼(1717～1768)那里得来的。温克 31
尔曼对18世纪德国思想的影响远远超越美学领域。他关于
古典艺术的写作改变了德国人对古代世界的看法。他有很
多热忱的学生，包括赫尔德和歌德，通过这些人的影响，希腊
的形象被建立起来了，它是身体和精神和谐统一的家园，成
为德国文化中极有影响的一支力量。在他第一部、也是最重
要的一部作品《希腊美术模仿论》(*Thought on the Imitation
of the Painting and Sculpture of the Greeks*)中，温克尔曼描述
了古典雕塑中著名的作品《拉奥孔》。这组雕像一度伫立在
泰特斯皇帝的宫殿里，被普林尼用最溢美的词汇所赞扬。这
组雕像于1506年在罗马出土，引起一时轰动。它描绘的是
特洛伊祭司拉奥孔和他的儿子们的死亡。他警告特洛伊居
民，小心希腊人的木马，但是众神却从海中派遣两条大蛇，绞
死了他和他的两个儿子。对于温克尔曼来说，这组雕像的核
心特征就是尊严，拉奥孔被刻画为，在遭受苦难时，依然保有
这种尊严的形象。他写道：

“希腊的大师之作，不管是身体姿势还是表情，最普遍、
最主要的特点是一种高贵的简单和静穆的宏大。就像大海，
不管表面有多么愤怒，海的深处永远保持着镇静。不管希腊
雕像的激情有多么强烈，他们的表情也是一样如此镇静，展
现出他们伟大而拥有尊严的灵魂。这种灵魂被刻画在拉奥 32

孔的脸上,且不仅仅在脸上,尽管他正在经受最残暴的折磨。他的每条筋肉都显示出他正在经受痛苦,如果不顾他的脸和其他的身体部分,仅仅看着他痛苦地紧缩的腹部,我们自己就几乎能够感受到那种疼痛,我要重申,这些痛苦并没有造成他面部表情和总体姿态的强烈扭曲。和维吉尔对拉奥孔命运诗意地描绘不一样,他没发出可怕的咆哮。他的嘴张得不大,无法发出那种嘶喊;相反,像沙杜里多主教描述得那样,他发出的是紧张而压抑的一声叹息。肉体的疼痛和精神的伟大以等量的张力在整个构成里融合在一起,保持着一贯的平衡。拉奥孔在受难,但他像索福克勒斯笔下的菲罗克忒忒斯那样在受难:他的悲惨触动了我们的心,但我们却嫉妒那伟大的人用来承受苦难的奋勇。”

温克尔曼对拉奥孔群像的评述,在德国受过教育的公众中得到了极大的反响。莱辛著名的文章《拉奥孔》是对它的回应。而选帝侯的收藏、在曼海姆重塑的拉奥孔群像,成为德国作家和艺术家们的朝圣地(这些朝圣者中间就包括赫
33 尔德、歌德、席勒)。

对席勒来说,优雅和尊严是行动或者忍耐的特征。它们形成在人类的代理力中(类似康德),和人类的自然特征及欲望——我们的“倾向”相反,用康德的术语来说,前者是需要从理性和道德意志中得来的道德。席勒是第一批被康德道德哲学中一项显而易见的后果所困扰的读者中的一个

(但不是最后一个):根据康德的学说,自动地、未经反思地做好事的习惯是缺少任何道德价值的(确实,从道德的角度讲,甚至被认为是不需要的)。为了反对这个看法,席勒强调了“优雅”的概念。优雅的人不仅仅做好事,而且行善的时候没有任何的内心挣扎或者痛苦的抉择过程。如果我们的性格自动地和道德要求形成和谐的关系,那么我们不需要去克服任何内心的抗拒就可以行善。

然而,优雅的理想并不总是能够达到。人类就是有这么多的倾向,是直接和道德的角度想要拥有的性质相违背的——自私、嫉妒,如此等等——而这些都需要被克服。这些冲突甚至在那些最优秀、最高贵的人物身上出现。令人倾慕的那些品质,比如对家人和朋友的忠诚和情谊,在他们做了错事的时候,就有可能和我们想要帮助他们遵从法律的义务相矛盾。当这种冲突出现之后,如果一个个体无论如何,最终还是展示出克服他(她)的倾向、按照道德需要的方式行事的性格力量,那么这个行动中展现出的特征,对于席勒来说,就是**尊严**。这里我们就可以看出席勒思想和温克尔曼 34
思想的联系了,如果在我们克服苦难的时候自我控制,那么尊严就会超过一切其他事物而显现自身。“正如优雅是一个美丽灵魂的表达,尊严是崇高性格的表达”,席勒这样写道。他的这段话回应着、也放大了康德关于一个履行其所有义务的人的“尊严和崇高”的思想。“尊严和崇高”属于那些履行了他们的义务,同时克服了他们相反倾向的力量的那些人。席勒说,他们的行动或许不像优雅的人拥有优雅那样有"道德的美丽",但是他们有"道德的伟大"。从美学上讲,尊严的功能是"人类道德自由的表达",它表明我们不是我们倾向的囚徒。

席勒对尊严的创新性再阐释,把道德和美学联系在一起,给予道德心理学一个联合起来的基础。优雅和尊严是美学属性,发生在代理者表达自己的时候。但是无论如何它们和道德是分不开的。从康德哲学的角度来讲,它们联系到我们道德情势的中心特征:我们的职责义务和我们的倾向之间发生冲突的永恒的可能性。虽然席勒关于尊严的概念和康德道德哲学有这样紧密的联系,它还是为这个词提供了一些新的意义。优雅和尊严是两种主要的道德品质所具有的特征的表达:自在自如地作出好的行为的能力(优雅)和即便有自然倾向的强烈冲突,依然能作出好的行为的能力(尊严)。那么,一个人就有可能或多或少地拥有席勒式尊严,
35 而不用缺乏基本人性。他依然可以拥有那种无条件的、内在的道德价值,而这种道德价值来自于由道德代理者组成的社区的成员。尊严是一种承诺和努力,可以让人在履行义务的时候忍受苦难,而这种承诺和能力很显然因人而异。

阅读席勒文章的时候,人们可以看出,康德那种"资产阶级"的、对于荣誉的观念,即道德律令表现为人对自我的

尊敬，被“资产阶级的”英雄主义和悲剧观所替代。真正的英雄主义是一种意志，可以为了遵循道德义务而忍受苦难。贝多芬的歌剧《费德里奥》(Fidelio，1805）中，高贵的囚犯弗洛雷斯坦在他的地牢里歌唱：“我有意领受各种苦难，我的道路会抵达扭曲的终点。我履行了我的职责，甜蜜的宽慰在我心间。”此时他就展现出一种席勒式的英雄主义。原则上讲，这不是为了给拥有“高贵出身”的人专门准备的，这是每个人都可以实现的英雄主义。我们所有人都遵从于道德律，而且我们所有人都可能会发现——至少，有这个潜力——我们会遵从某种召唤，为了履行义务而牺牲我们的幸福。

和所有想要调和哲学中处于激战的两方的情况一样，两方都不怎么欣赏席勒的文章。康德在他关于道德哲学的讲课中［斐奇朗西(vigilantius)手稿］回应了席勒，方法是激烈地重申他关于道德和“倾向”之间冲突必要性的教条： 36

“可以确定，每一种义务都立刻和一种道德上的约束联系起来，这和义务的性质相违背；其实，人应该让他去除自己的倾向，去实现道德律令。如果假设人只有在某个必然性的迫使下才能够满足道德律令，那么像席勒在他的《塔利亚》(发表席勒《论优雅和尊严》的杂志）里宣称这种对道德律令的满足具有某种特定的优雅，就是不对的。”(Ak. 27：490)

有趣的是，虽然康德完全不同意席勒对于优雅的说法(认为义务和倾向之间有可能有完全自然的和谐），他对后者关于尊严的概念并没有那么不友好——席勒认为尊严显现于克服倾向的斗争之中——在第二版的《纯粹理性界限内的宗教》(*Religion within the Limits of Reason*)众多脚注之一中,通过比较自己对道德尊严的论述和席勒的道德"优雅",康德解释了他不同意席勒的地方:

"可以说,我无法因为义务具有特定的尊严这个原因,就把优雅和义务这两者的概念联系起来。因为义务的概念牵扯到无条件的必然性,而优雅恰好处在完全和它矛盾的位置上。法的庄严(比如西奈的十诫)灌输给我们敬畏(而不
37 是恐惧,那是拒斥的感情;也不是着迷,那需要熟悉)。而这种敬畏激起主体对主人的尊敬,除非像在这个例子里,既然主人就是我们自身,它激发出的就是我们自己职责的**崇高感情**,那种感情超越任何美,给我们极端的快乐。"(Ak. 6:23)

我们已经谈到,对于康德来说,道德法令(那种康德式的"无条件的、不可比拟的"价值有感而发,"高于"任何冲动的价值)的尊严激起人类内部一种崇高的感情,而这个观点和席勒的观点,如果无法说是相同的,那么至少是互补的。席勒认为,当人们的行动给予义务对倾向的斗争某种表达的时候,他们的性格就具有了尊严。

1.5 尊严和平等

当然,席勒和康德写作的时候,欧洲整个社会地位系统

都受到法国大革命的影响而摇摇欲坠。贵族的特权(法语词为尊严,dignites)被废除,人在权利和社会地位上是平等的。当那位充满激情的大革命的反对者汉娜·莫尔(Hannah More,1745－1833)攻击那个时代对人类尊严思想的呼吁时(在她的时代,她是一本极其流行的福音小册子的作者,废奴运动者牛顿和威尔伯福斯的亲密盟友),她的脑海里不太可能有那两位德国哲学家,无论他们多么杰出: 38

“我们错误地听过许多关于人类本性中的尊严的说法,基于圣经原则的祈祷仅仅教导我们真正的尊严存在于何处。一个倒下的造物的尊严完全是异常的。一般的看法认为尊严是一种内在的优点,但真正的尊严是一种感觉,即想要获得尊严的感觉。它不包含在我们如何评价我们自己的过程中,它是这样一种持续性的感情,来自于我们依赖的上帝,来自于我们不停歇地以遵守他的形象为目标。”

这种对人类尊严的看法,占了当时关于尊严说法的大部分。18世纪晚期,这种用法非常有意思的一个例子来自1789年约翰·伯纳德(一位游历美国的演员)和乔治·华盛顿之间的一段著名的对话,虽然这段对话说不能被证明确实存在过。一对夫妻乘坐的马车翻车了,两个人都上前提供协助,因此初次见面。之后,华盛顿邀请伯纳德去弗农山庄。伯纳德这样描述了他们之间的对话:

“此时一位黑人走了进来,带着一大罐子泉水,我无法挤出笑容，将军立刻开始解释：‘这看起来或许矛盾，’他说，‘不过你得这样看待它，既不能把它看成是犯罪，也不能把它看成是荒诞。我们宣扬，我们最基本的原则是，自由是每一个人不可剥夺的权力，这时候我们并没有把疯人和白痴包
39 括进去。自由到了这些人手里，会变成灾星。如果奴隶的心灵没有被教育，从而感知到什么是自由状态需要的义务并且不要把人性和兽性混同起来，那么这件礼物一定会被滥用。我们兴许也会被要求，在贸易增加至需要更大的新货仓之前，要拆掉那些老货仓。房子和奴隶都是欧洲人遗留给我们的，而只需要时间就会改变它们。先生，请您相信我，这件事我比谁都发自内心地愿意看到。我不仅因为人类的尊严，在为它的到来祈祷，而且我可以清晰预见到，通过对原则的共同纽带的巩固加强我们的团结统一，根除奴隶制的意志，会永远存在下去。’”

不管伯纳德关于华盛顿这段对奴隶制看法的描述的可靠性到底有多大（这是一件多么“方便”的预言，你可能会想，“国家之父”能从奴隶制的邪恶中黑暗地预见到它对美国统一的威胁，而出版这番话的时机就在内战刚刚结束之后），这里用来描述人类的尊严的语言方式，还是令人震撼的。可以肯定的是，一种关于平等的同时发生的趋势正在使它自己被有所感知地分成三个关于尊严意义的不同类别：这也是我们目前为止区别开来的作为社会地位的尊严、作为内

在价值的尊严、作为庄严的行为或态度的尊严。对于尊严作
为社会地位的观念，法国大革命体现了很强烈的关于平等的
政治解释。它复兴了西塞罗式的尊严观念，这是一件有关人 40
类本身地位的事（而不是一个人在任何特定社会的相对社会地位）。而反过来，用这种观念很自然地可以认定奴隶制是对人类尊严的侵犯。与此同时，康德和席勒分别以自己的路径得到了一种事关平等的尊严观念。对于康德来说，尊严是内在的价值，这可以用一个特征来辨识，那就是这是所有的（也仅仅是）人类都具有的共同特质。同时，席勒把具有尊严的行为道德化，把它们变成某种所有的人类都有潜力达到的成就，因为我们所有人都可能面对义务和偏好的冲突。

所以，虽然我认为叔本华夸大了19世纪关于尊严的思想源于康德的程度，貌似真实的情况是，在他写作的时候（1839），关于“人类尊严”的种种思想线索都已经完全融合成同一种陈词滥调，即虔诚的人道博爱主义（humanitarianism）。所以“尊严”被同时代的自由主义批评家所反对也就毫不奇怪。对人类尊严的这种变形滥用持反对态度的不仅仅是叔本华一个人。马克思公开驳斥另外一个德国社会主义者，卡尔·海因岑（Karl Heinzen），因为后者把德意志诸侯的统治描述为，和“人的尊严”相悖。马克思说这种关于尊严的“空话”和“从历史道德中寻求庇护”没什么两样。

不过19世纪中，就我所了解的范围，对尊严最为猛烈的

攻击来自于尼采一篇不太为人所知的文章，题名为《希腊国家》，出自《为了五本未写的书所做的五篇序言》，这是尼采在 1872 年给瓦格纳的生日礼物（同年，尼采出版了《悲剧的
41 诞生》）。这篇文章这样开头：

“我们现代人在思想方面，有两点优于希腊人。对我们这样一个完全以奴隶的方式行事，同时又非常焦虑地避免使用‘奴隶’这个词的世界来说，仿佛算是一个补偿：我们谈论‘人的尊严’，我们谈论‘劳动的尊严’。每个人都那么忧愁，为的是悲惨地保持一个悲惨的存在，这种糟糕的状态需要强迫人消费劳动；他（或者更准确地说，人类的知识分子）现在被‘意志’诱惑，就会时不时地赞叹于劳动，好像那是什么值得尊敬的事。然而，为了让劳动取得一个带着荣誉的称号，那么抛开一切不谈，有必要的是，即使劳动存在本身就是一种痛苦的手段，也应该让存在本身获得更多的尊严和价值，要使它大于目前为止所有严肃的哲学和宗教中存在本身所拥有的尊严和价值。”

尼采说，劳动的尊严是一种宽慰的方式，试图为那些不得不劳动的人，把事实上羞辱性的被迫劳动说得更吸引人而已。然而，这同时给予了劳动和人类存在自身（劳作是人类生存必需的前提条件）一种它们本来不配拥有的价值。而按照尼采的说法，希腊人正相反，“根本不需要这种概念上
42 的幻觉……因为对他们来说，他们令人震惊地坦率承认劳作

是一种耻辱”。而仅仅是19世纪的人类博爱主义需要这种感伤的虚构：

“人的尊严、劳动的尊严，这种幻想是奴隶制隐藏于自己的需要所造就的产物。奴隶们在悲惨的时光中需要这样的概念，这样他就可以被激发，去想想他自己的事情，想想超越他自己的事情！被诅咒的诱惑者用知识树上的果实摧毁了奴隶的天真！现在，奴隶们必须用那些每一个思维深刻一点的人都辨认得出的直白谎言，徒劳地熬过一天又一天。这些谎言宣称‘所有人的平等权利’、所谓的‘基本人权’，或者‘劳动的尊严’。”

尼采自己倒是确实也援引了尊严的概念，不过他的方式和以权利为基础的尊严观念背后的平等主义，刚好完全相对。尼采说，奴隶不能“理解在什么阶段、什么样的高度上，尊严才能被第一次提及，也就是说，在那一点上，一个个体完全超越他自己，而且不再需要去工作、去生产，才能保证自己个体的生存”。 43

这样的存在没有价值。唯一能给予生命价值的是文化/艺术，所以根据这个原因，闲暇是必须的，而因此为了让人有闲暇，奴役式的劳动是必须的。文化补救了存在；文化需要劳动；劳动是从属，所以奴隶制就有正当性，因为对于自由的、有创造力的贵族的生活和那些有内在价值的事来说，奴隶制是必要的：

“相应地，我们就必须接受这个听起来（只是‘听起来’，弗雷德里希？）很残酷的真理，奴役是文化的本质；当然这是一个真理，让我们对存在的绝对价值毫不怀疑。这个真理是秃鹰，啄出普罗米修斯式的文化推进者的肝脏。苦工的悲惨必须要继续增加，为的是对一小部分奥林匹克人来说，使艺术世界的生产成为可能……所以我们可以把这种伟大的文化和沾满血迹的胜利者加以比较。胜利者们在他凯旋的游行队列里，把被击败的人作为奴隶用锁链锁在他的战车上。奴隶们是这样一种行善的力量，他们是如此的盲目，以至于即便他们几乎要被那战车碾碎，他们还在高呼‘劳动的尊严’‘人的尊严’。”

按照尼采的说法，感伤的平等主义弥漫在现代国家中，这不仅仅体现在劳动的尊严、人的尊严这种虚伪而荒唐的思
44 想中，而且还体现在更普遍的惧怕战争的人道博爱主义中。尼采就没有这种顾忌（当然，他是在普法战争之后写下这篇文章的，他本人激情澎湃地参加了这场战争）。尼采把现代国家和古代希腊的武士国家相比较。尼采说那种社会组织的形式是“国家的原型”。整个国家都是建立在最有效的军事结构的基础上，这个事实“立刻从混沌的集合”中制造出一种“即刻的分解和分类，让它们成为军事阶层，从这里产生了金字塔形的、以庞大数量的广大奴隶为基础的、‘军事社会’的大厦”。这种结构的特色是，位于金字塔低阶位的

人完全顺服于位于高阶位的人。这个等级秩序不会对尼采心目中的尊严造成什么损害，正如他在结论中批驳人道主义的时候写的那样，他让我们了解到尊严没有确定的条件：

“如果现在我们想象，原始的军事国家以它合适的‘劳动’在最伟大的行动中，如果我们把目光集中到战争的整体技术上，我们就无法避免用下面的问题纠正我们四处捡来的观念，正如‘劳动的尊严’和‘人的尊严’的问题，尊严的思想是否适用于劳动？而后者的目的正是要摧毁‘受尊敬的人’；也包括尊严的思想是否适用于那些被交付‘受尊敬的劳动’的人？或者在国家战争一样的任务中，这些互相矛盾 45
的思想是否无法相互中和？我宁愿认为，尚武之人拥有军事天才的手段，而他的劳动也仅仅是这同一位天才手中的工具。这不是对于作为绝对的人和非天才的他而言，而是对于作为天才的他来说，他的愉悦也来自，他仅仅被选为战略家棋盘上一个被牺牲的棋子，一个要被摧毁的工具——这是某种程度上的尊严，也就是说，这种尊严是被认定为成为天才的有价值的那种尊严。不过这里的意思是在通常的意义上成立的单一例子。所有的人类，以及他所有的活动，只有他成为天才的工具的时候，才称得上有尊严，无论有意无意。从这一点我们可以立刻推断出一个伦理学的结论：那个‘在于自己的人’，那个既不拥有尊严，也不拥有权利，也不拥有义务的绝对的人，只有抱着全心决断地服务于无意识的目的，人才能为他的存在找到借口。”

尼采卓越的檄文让我们看到，尊严的概念在他的时代已经发展成一场人文主义、自由主义、基督教、社会主义和康德思想的大汇合——当然，带着大致相同的程度，尼采藐视这
46 一切思想。

1.6 等级秩序

那么，我们可能会想，这种 19 世纪的，围绕着尊严的不同意义的平等主义的大交汇，为“二战”之后各种重要的人权文件中各种宣扬普适人类尊严的宣言奠定了基础：世界人权宣言和德国基本法。但这却是一个很有意义的错误。这会将事情过分简单化，从而错过一些在我们当代使用尊严这个词的时候，最有意义的矛盾问题的根源。

首先，用“尊严”这个词语来指代的，差异化的社会等级秩序所要求的生活方式并没有消失。毫不奇怪，在托克维尔(de Tocqueville)以贵族化的世界观写出的《民主在美国》里，每一页中都可以清楚地发现，他在使用尊严的这个含义：

“真正行为礼仪上的尊严需要一个人一直要处在恰当的位置，不太卑也不太亢，这个要求是在农民和王公都可以做到的范围内。在民主体制内，所有的位置看起来都有问题。所以民主的行为模式虽然经常充满了傲慢，但往往渴望着尊严。更有甚者，这些行为从来没有经过良好的训练，也

没有很好得完成。”（Vol. 2，pt. 3 chap. 14）

阿奎那式的“尊严”的意义，是评价一个对象是否有在一个神圣秩序中占据合适位置的美德，这个思想在 19 世纪的天主教思想中依然占据着中心地位。 47

教皇利奥八世（1810～1903），在今天被天主教会之外的人所知的原因，是他关于劳资关系的训谕，1891 年的《论革命性的变化》（Rerum Novarum），这份文献在天主教传统里建立了“劳动的尊严”的思想。关于“劳动的尊严”这个思想已经被不少自由主义者和社会主义者发展过，不过如果我们就此推论说，利奥八世公开支持劳动尊严，说明他倡导社会平等主义，那就大错特错了。下面这段选自他的训谕，1878 年的《论社会主义》（Quod Apostolici Muneris）中的文字，可以说明利奥八世的社会观点中的尊严观：

“因为，他创造并统治着万物，以他的智慧的慈恩，指派位于中间的事物应该为最低的事物获取结局，最高的事物为中间的事物获取。所以，即使是在天堂的王国里，他的神意是，天使的合唱团也应该有所区分，一些要服从另一些，同样在教会中，也建立了各种秩序和多样的机构，以便于不是所有的人都是门徒、博士，或者教士，因此他同样指出，在世俗社会应该有不同的秩序，**于尊严、权利、权力方面有所区别，于不同秩序、国家和教会一样，是为一体，由不同的成员构成，有一些比另一些高贵，但对彼此都是必要的，为了共同的**

48 **好处彼此之间互相关照。**”(6,黑体为作者所标重点)

对于19世纪的天主教会来说,所有的社会成员都有尊严,但是他们的尊严来自于,他们需要扮演合适于他们社会地位的角色,而这些社会位置处于一个等级化的社会秩序之中,在这个社会秩序里,“有些尊贵于另一些”。这个社会秩序应该在“尊严、权利和权力”方面有所区别,而不是所有成员共享一种平等的尊严。利奥八世为等级秩序辩护并不止于此。在1880年的《神圣智慧之秘密》(Arcanum Divinae Sapentiae)中,他论证了婚姻中男人和女人之间的不平等:

“因为女子是男子血肉的血肉,骨头的骨头,所以她必须从属于她的丈夫,并且服从他。(作者注:这是一个从虚假的假设中得出的错误推论)不过,实际上不是作为仆从,而是作为伴侣,这样她的服从就既需要荣誉,又需要尊严才能完成。”

请注意,这里的“尊严”不是一项个体——妻子的性质,而是适用于一项社会关系的一方面,在这种社会关系里,她可以寻得“她的服从”。这里使用的“尊严”,描述的就是“从属”这种价值本身。在这种语境里,由利奥发出的、来自教会的社会教育,关于“劳动的尊严”,就应该更多地被理解成是在表达劳动应该在社会秩序中占有恰当的位置这样的观点,而不是在倡导平等,而在这个社会秩序中,所有的成员
49 “对彼此都是必要的,为了共同的好处彼此之间互相关照”。

在 1881 年的训谕《论内战的起源》(Diuturnum)里,现代社会中“煞费苦心地把统治者描画成大众蔑视和仇恨的对象”,利奥八世对这种行为的程度大为愤怒。这种他笔下的“嫉妒的烈焰”,已经“爆发出来”,置“统治者的安全……于险地”(2,3)。由于这个原因,利奥指责平等理论中的人民主权和社会契约思想:

“最近有很多人……宣称一切权力来自人民。这样,在一个国家中践行权力的人,他们的权力不是作为他们自己的权力,而是作为人民赋予他们的权力。那么,根据这个规则,根据赋予权力的人民的意愿,这权力一样可以被他们剥夺。但是从这一点来讲,天主教持有异议,因为教会确定统治的权力来自上帝,来自自然的和必要的原则。”(5)

只有人民主权的错误观点被驳斥、神圣权威从统治者传输到被统治者,这种对政府的理解重新建立,政府才能获得它适当的尊严:

“此外,有一点显而易见,他们宣扬的合约是公开的虚
假和虚构,也没有权威给政治力量加载国家的安全和公民的
福祉所需要的威力、尊严和坚定。只有人们相信政府权力来 50
自庄严神圣的上帝,政府才会被美化并受保障。”

利奥八世对人民主权的反对,是当时典型的天主教会思想。今天,整个 19 世纪,乃至进入 20 世纪,天主教会如何致力于反对平等主义的各种变体——自由主义、社会主义、民

主和妇女解放——的保守行动，几乎都被忘记了（少数几个1948年前使用“尊严”这个词汇的政权之中，有两个是萨拉查所在葡萄牙和弗朗哥所在西班牙——两者都是天主教国家，在社会平等、尊重人权的意义上，恐怕两者都不是天堂）。这么多天主教关于尊严的思想当中都有反对平等主义的色彩，认识这一点是很重要的，只有这样才能明白，在20世纪中叶天主教社会思想中发生的转变有多么伟大。如果我们认为人的尊严思想和平等人权的思想之间有联系是理所当然的——如果我们看《世界人权宣言》或者《德国基本法》这样的文献时没有历史观，那么会很容易有这样的想法——我们就会错过天主教曾经怎样慢慢接受关于社会平等的观念这样一个有意义的事件。

如今，天主教会致力于反对世俗社会用社会平等主义的语汇理解人的尊严的观念，所以在1995年的《生命的福音》（Evangelium Vitae）中，约翰·保罗二世写道，“各种人权的
51 宣言和被这些宣言激发出的各种行动。”“在全球规模上，这些行动激起了道德上的敏感情况，非常令人警惕，它们承认每个个体的作为人的价值和尊严，但是对种族、国籍、宗教、政治见解和社会阶层完全不做区分。”（18），他争辩道，这些宣言和行动，和自由、民主社会中对未出生的生命和那些处于植物人状态的人的平等权利不公正的否认之间，是互相矛盾的。

与此类似,在他1988年的教谕《妇女的尊严》(Mulieris Dignitatem)中,约翰·保罗二世拒绝承认妇女应该服从男人的思想,和利奥八世形成鲜明的对比。他宣称那样与妇女的权利相矛盾。但是与此同时,他又强烈地宣称,两性之间“特定的分工和个人的根源性”这个尊严则必须要维持:

“在我们的时代,‘妇女的权利’这个问题,在人的权利这个更大的背景下有了新的意义。圣经和福音中的讯息为这个在当今颇受关注的问题,提供一些启示,这些讯息保卫的是‘两者’的‘合一’,也就是说,保卫的是关于这个真理问题的尊严和使命,这其中尊严和使命则源自于男人和女人特定的分工和个人的根源性。所以说,即便对圣经中的话语 52
‘他应当统治你’(创世纪3:16)正确的反对,在任何条件下,也不能导向女人的‘男性化’。把女性从男性的‘主导’中解放出来,就这个名义,女人一定不能改向一些男性特征,这些特征和她们本来的作为女性的根源性相矛盾。人们很有理由会害怕,如果她们采取那个路径,女人不会‘获得圆满’,相反,她们会走样,会失去那些组成她们根本的丰富性的东西。”(10)

那么在什么时候天主教放弃它对自由主义和民主的暧昧看法而开始接受人权观念,并且把它作为社会和政治平等的具体体现呢?这很难说。不仅仅是因为,一个组织,它的公共立场宣称了它的教导体现着经文启示和永恒自然法则中的权威,很明显,承认它改变了想法会有点勉强。我的个人意见是,第二次世界大战是一个分水岭。当然,天主教对《世界人权宣言》[特别是通过天主教思想家雅克·马里旦(Jacques Maritain)]和德国基本法的影响是至关重要的,它保证了两部文件给尊严以如此重要的地位,并且和人权不可侵犯的思想联系起来。

然而,在别的地方,尊严和平等人权之间的对立还依然存在。这可以从《开罗宣言》(伊斯兰会议组织于 1990 年宣布)中的伊斯兰人权条款中找到证据,其中第 6 条宣称妇女拥有“平等的尊严”——但是不拥有(在这里非常明晰的、无
53 疑是有意地和《人权宣言》形成对比)平等的权利。

1.7 尊重权利和尊重的权利

所以这些讨论将我们引向何处呢?

一开始我指出,在《世界人权宣言》和《德国普通法》中出现的尊严观念是和人权观念联系在一起的——人类“在尊严和权利方面是自由和平等的”,或者说“他们有不可侵犯”的尊严,(故而)以及有着“不可剥夺和不可分离”的权利。很明显,人权观念深深地让人困惑——如今几乎每个人都作出对它的承诺,但是很少有人愿意宣称,他们能够对人权是什么、我们为什么拥有人权有一个良好的、原则性的描述。一种对人权的现代理解能够满足这种要求吗?如果它

能做到,那么理想化地说,它必须要做到三件事:第一,它必须要解释,证明所有人类共享着“不可侵犯”的尊严,而且在这种尊严中他们是“自由且平等的”。第二,根据第一条,所以他们也一样拥有不可侵犯、不可剥离的权利。第三,它要确定地指出,这些权利是什么。我们目前提到的关于尊严的各种思想能够满足这些要求吗?

前文区分出了三条关于尊严的意义的线索:尊严是一种社会地位;尊严是一种恒久的内在价值;尊严是一种可以被尊重的行为,是性格或者能力的体现。根据这三条线索的侧重点不同,每个人会有不同的答案。如果说尊严是一种地位,那么人类就尊严来讲,生来“自由而平等”就仅仅是在断言人与人之间没有内在的地位差异。而我们的社会地位都是平等的,这个观念并不总是像今天这样广为传布(仅举利奥八世的例子,以及天主教在关于社会的教导中强调等级秩序的传统),但在这个意义上说人类拥有平等的尊严并不能为人类拥有同样平等的权利奠定基础:第一种说法只能给第二种说法一个假设。把尊严看作是一种恒久的价值,把它解释成某种内在的超越性内核,看起来是更有希望的说法。康德认为,我们拥有尊严的意义在于它是一种“无条件的、不可比拟的价值”,因为我们——我们所有的人,平等地——在我们自身中拥有必须要服从的道德律令。那么这种尊严 54
观是否导向人拥有权利的结论呢?可以肯定康德是这样想

的。对于康德的思想来说,道德的主要特质是它对我们无条件要求的责任。而这些责任中最基本的就是我们对他人权利的尊重。在他自己的一份伦理学讲义里,康德生动而令人信服地论证了权利在他的道德概念里的中心地位:

“(基于亏欠和正义的对于他人的责任)依赖于权利的普遍法则,而它们的至上责任在于对他人权利的尊重。它们是不可破坏、不可被侵犯的。那些践踏这些权利的人必将遭到厄运!他者的权利应当使他所有的事物都处于安全之中,
55 它应该强于任何城墙。我们有一个神圣的统治者,而他赐予我们的神圣礼物,就是人的权利。”(Ak. 27 :415)

然而(如我即将指出的),康德关于人的尊严的观念中详述的权利是有争议的。毋庸置疑,不是每个人都是康德主义者。举一个明显的例子,天主教传统认为尊严是一种内在的价值,这个思想在“二战”之后人权的各种文献中起到了重要的作用,这个思想就和康德的尊严观很不同。德国基本法体现了一种野心——你甚至可以说是一种英雄式的雄心——试图把康德和天主教传统的人类尊严观念转变成一种可以共享的、清晰的关于人权的表述。我认为,这种野心所面临的困难(涉及的有些方面在第二章会继续讨论)有助于指导我们理解康德尊严观的可取之处和不足之处。

最后一种对尊严的理解是一种性质,是“被赋予尊严的”(dignified)。那么,从之前的论述中我们可以看出,可能

比较明显的是，这种意义上的“尊严”和《世界人权宣言》，以及德国基本法所关心的问题没什么关系。在席勒的著作中，尊严就是“被赋予尊严的”这种观念，构成“道德上可以受到崇敬的高贵行为”的一部分——那么在这种意义上，尊严就是对“坚定不屈达到目的”或者“受难时的平静”的表现。不过，人权当然是为每个人，而不仅仅是为了那么几个高尚的英雄准备的。即便我们表现得稍微不那么理想化，我们也不应该就此失去我们的人权。然而，可能会很令人惊讶的是， 56
在这种对尊严的理解和目前关于人权的各种言说中，对尊严扮演什么角色的理解关系颇大。那么我想再加上第四条线索，作为本章的结束。这第四条线索，就是把尊严作为“被赋予的”这种观念包含在对尊严的整体理解里边。

为了介绍这个线索，让我回到乔尔·弗因堡的思想。他认为人的尊严和对人的权利的尊重之间是有联系的：“尊重人可能很简单，就是去尊重他的权利，这两者不可分离，而被称作‘人的尊严’的这种东西可能仅仅就是确证这些权利的可辨认的能力。那么，去尊重一个人，或者说认为他拥有人的尊严，就仅仅是认为他是一个潜在的要伸张权利的人。”正像我通过以某个确定的速度驾驶的方式来尊重限速的法律一样，我尊重权利的方式是，不破坏它们（如果他们是消极权利），或者按照它们要求的去做（如果它们是积极权利）。我姑且称这种意义上的尊重为“以守德为尊敬”

(respect-as-observance)。如果乔尔·弗因堡是对的,而"以守德为尊敬"确实意味着尊重人的尊严,那么把尊重人的尊严作为一种义务来提倡,并不等同于尊重人权,或者说等于确证人权的正确性。实际上,它假定人权的先天存在。如果我们不知道这些权利的内容是什么,我们就没办法去尊重人的尊严,就好比我们不知道有限速的规定,却想要去遵守法律。

那么另一方面,被赋予尊严的人,是那些以他们的性格或者行为**展现**出尊严的人。按照席勒的逻辑,这是一种道德能力的显证——有能力去拒斥自然的冲动。那么说一个足球经理在面对无礼挑衅和不公批判时的反应是"被赋予尊严的"或者"斯多葛式的",就不无道理,因为他制止了自己那种情绪失控、报之以怒,或者不管用别的什么方式来展现
57 被羞辱以后的自然反应的冲动。但是,如果"被赋予的尊严"是某种个人可以展现的东西,那么有没有相应的说法来描述一个人应该被对待的方式呢——被有尊重地对待的权利?带着尊严(with dignity)对待某个人,(很自然就是说)就是**尊重**他们的尊严。但这里的"尊重"和上面所说"以守德为尊敬"是两个意思。我姑且称为"以尊敬性(敬意)为尊敬"(respect-as-respectfullness),带着尊敬对待别人,用这种方式来尊重他们的尊严,就要求一个人**展现**出尊重,要么以积极的方式,也就是对待他者的方式能够表达出他的尊重;

要么是以消极的方式,也就是说避免去施行那些显露出不尊重的举止。

在这种语境下,让我们来看一下另外一个战后人权实践的奠基性文件,1949 年的《日内瓦公约》,它非常能够说明问题。其中第三公约的第三条款(关于如何处理战俘的公约)是这样写的:

“**第三款** 在非国际性的、发生在签署条约各方任意一方领地上的武装冲突中,冲突中的任意一方有义务且最低限度地做到以下条款:

(1)对不实际参加战事之人员,包括放下武器之武装部队人员及因病、伤、拘留或其他原因而失去战斗力之人员,在
一切情况下应予以人道待遇,不得基于种族、肤色、宗教或信 58
仰、性别、出身或财产或者其他类似标准而有所歧视。

因此,对于上述人员,不论何时何地,不得有下列行为:

(a)对生命和人员的暴力,尤其是各种类型的谋杀、残伤肢体、虐待及酷刑。

(b)被扣押做人质。

(c)损害个人尊严,特别是侮辱与降低身份的待遇。

(d)未经具有文明人类所认为必需之司法保障的正规组织之法庭之先行的宣判,而进行判罪及执行死刑。

(2)伤员与病员都应当被收容照料。

公正的人道主义团体,如国际红十字会,应该被允许向

冲突各方提供服务。”（我用斜体标出重点）

这里我们所列举的文献和《世界人权宣言》，以及《德国
59 基本法》同时代，但是它给予“尊严”的意义却不同。前者把尊严当作是一般意义上的基本人权的（假设它是基础性的）内容，不过我们可以在《日内瓦公约》的条款1(a)和1(c)中看到尊严和其他人权的明显区别。对生命和人员的暴力（各种谋杀、死伤肢体、虐待及酷刑），在条款1(a)中被禁止；同时对尊严的侵犯，以羞辱性和贬低性的对待为典型例子，在条款1(c)中被单独列出。我认为，很明显从这一点可以看出，《日内瓦公约》处理尊严的方式，不在于它为人权的基本设定提供了基础的意义（这一点在前面的条款中已提到过），而在于把尊严的意义看作是一种要求，人（在这个例子中如战俘）应当被以有尊严的方式对待——他们有被“带着尊严”对待的权利。这样，《日内瓦公约》提供了一种和《世界人权宣言》及《德国基本法》不同的尊严的意义。

这种被有尊严地对待（dignified treatment）的权利，潜在性的是一种普遍权利。如果我们认为尊严是一种成就，需要某些人去克服某种障碍，以某种有尊严的方式行事，那么不是每个人都会被赋予尊严（diginified）。不仅如此，每个人——即便是我们当中那些当受到道德挑战的时候，没有道德力量去以有尊严的方式行事的人——都应该被“带着尊严”对待，这种主张是完全无懈可击的。他们应当被“带着

尊重”对待，即最重要的是，他们不应当被羞辱（humiliated）、被贬损（degraded），以这样的方式被毫无尊重地对待。尊 60
严，就是被带着尊重对待，以这样的方式去理解的话，就和我们早先在讨论康德的时候遭遇的思想联系起来了。不过，对康德来说，尊严是一种存在于我们内部的道德律令所具有的内在价值，我们是这种道德律令的肉身承载者，这个事实构成了尊重这种义务的基础，这个义务既面向他人，也面向我们自己。也许这种道德义务的一部分就是“以守德为尊敬”（我们应该在人是道德律令的承载者这个意义上尊重人的权利），但是同时它也是“以尊敬性为尊敬”。我们必须要尊重存在于我们内部的道德律令所带来的尊严，尊重的方式是我们的行为应该表达出我们对它的尊重——比如，堂堂正正为人，或者对我们自己保持适当的骄傲。

总结一下，我们已经看到，尊严是一种内在价值，这种思想在当代人权言论的奠基性文献里扮演了相当重要的角色，不过至少有两种非常不同的方式来理解它到底是什么意思——康德式的含义，和天主教传统中的含义。主张尊严是人类所具有的一种状态，不是基于他们在特定社会中所具有的地位，而仅仅是因为他们拥有的普遍人性。这种说法或许在拒斥基于社会分层的等级社会的合法性上起到相当有意义的关键性作用，但是看起来它不太能胜任这个角色，来帮助我们确认特定人权的具体内涵，使它们成

为基础性的准则。最后,来看一下第三条线索,尊严是一种
被赋予尊严的行为,这种思想揭露了第四条线索:一种尊严
61 观,即**带着尊严**对待某人就是带着尊重对待某人。这并不是
以尊重一系列基本人权的方式来尊重尊严,尊严要求的是尊
重性(respectfulness)。用这种方式来理解,那么某人的尊严
被尊重的权利就是一个特定的权利——虽然是很重要的
62 个权利,但不是某种一般意义上所有人权的基础。

2　尊严的立法

2.1　有尊严的侏儒们

1995年10月，法国最高法院（Conseil d'Etat）审理了一起案件，M. 曼纽尔·威肯海姆（Manuel Wackenheim）诉奥格河上的摩尔桑市（Morsang-sur-Orge，以下简称摩尔桑市）社区案。1991年10月25日，摩尔桑市市长签署了一项法令，禁止一项即将在当地迪斯科舞厅里举行的“扔侏儒比赛”。曼纽尔·威肯海姆本人是一名侏儒，本来的计划是他穿着保护服，被参赛者扔出以后，落在气垫床上。市长用他的警力禁止了比赛，原因是要保持公共秩序和安全。曼纽尔·威肯海姆对此禁令进行申诉，1992年2月，凡尔赛地区法院基于以下的理由，宣布市长的禁令无效：

“案卷上显示的证据并不能证明被禁止的事件会妨碍
63 摩尔桑市的公共秩序、和平和健康。特定知名人士对此事件
的举办发出公开反对的声音，仅仅此项事实，并不能说明公
共秩序会被打扰；即便如市长假设，此事件可能代表对人类
尊严的贬抑，在不考虑当地具体环境的情况下签署的禁令，
无法在法律上生效。”

最高法庭的法官面对这项判决这样解释道：分配给市政
当局的警力是用来在公共娱乐进行的时候控制局面的，主要
的意图是保证公众的安全，防止可能发生的、对公共秩序物
质方面的损害。但在这案件中，市长签署命令禁止扔侏儒比
赛的原因是：按照他的意见，这种娱乐代表了“对人尊严的
尊重的侵犯”。在这里，市长对警力的使用以维护“公共秩
序”的名义得以施行，而传统上，“公共秩序”的观念，在法国
法律中有下列三个方面的解释：安全、和平和公共健康。然
而，在以往的案例里，也有很多公共道德方面的事项被认为
是属于公共秩序的内容，因而被用来为在这些事项中使用警
力找到正当理由：如关闭妓院、规定公共海滩上浴客的穿着
64 方式、制定公共墓地墓志铭的标准、对公共高速路进行命名。
法国最高法庭的观点是，保护人的尊严是另外一个把公共道
德也纳入“公共秩序”范畴的例子。相应地，它就此判决摩
尔桑市市长的禁令是在他的职权范围之内，而地区法院的裁
决就此被推翻。在最高法庭的网站上，对这个裁定有如下的

分析：

“在处理这个案件的时候，法庭的意见是，‘扔侏儒’作为一种娱乐，就是由公众成员扔侏儒，也就是利用一位残疾人士的身体，并按照此种身体的形象投射出去。此种活动的旨趣在于以冒犯人的尊严为其特定目标。因此，即便不考虑当地的具体环境，对它的禁止也是合法的。

最高法庭赋予市政当局使用警力的权力，以禁止那些违背道德的娱乐活动，因为它们冒犯了人的尊严，而最高法庭的裁定则表明，公共秩序无法仅仅以纯粹的‘物质和外部的’方式来定义，必须要考虑到人的观念，这样公共权威才能得到适当的尊重。”

然而，曼纽尔·威肯海姆明显是个有强大决心的人。在自己祖国的法庭上被击败以后，他把案件上诉到联合国人权委员会。该委员会是在1966年的《公民权利和政治权利国 65
际公约》的框架下建立，法国是其签字成员国。法国同时还签字承认了协议中的“选择性协议”，就我的理解而言，它是承认个人有权直接向人权委员会上诉的。曼纽尔·威肯海姆行使的就是这个权利。而且在此之前，他显然已经向欧洲人权委员会上诉过一次，不过该委员会在1996年10月驳回了他的上诉。有意思的是，尊严的概念完全没有出现在欧洲人权宣言的条文里。所以曼纽尔·威肯海姆申诉的依据是第5款（自由行事和人身安全的权利）、第8款（尊重私人和家庭生活的权利)以及第 14 款(不受歧视的权利)。

2002 年 7 月联合国人权委员会也驳回了曼纽尔·威肯海姆的上诉。威肯海姆和他的顾问团队宣称,禁止扔侏儒貌似保护了他的尊严,实则侵犯了他的尊严,因为禁令使他不能按照自己的意愿择业,而联合国人权委员会完全没有考虑这一点。《公民权利和政治权利国际公约》和《世界人权宣言》不同,后者的本意是给联合国人权委员会一个框架性的权威,而前者完全没有提到保护人的尊严或者选择职业自由的事情。所以,委员会认为他的诉求里只有一件在他们受理
66 的范围内,那就是协议的第 26 款——禁止歧视。委员会指出,不是所有人和人之间的差别化都(客观地)构成歧视,而委员会现在受理的问题是,曼纽尔·威肯海姆先生受到的对待是不是在"客观讲理的基础上"。根据委员会的意见:

"如果这些人(侏儒)被此法令所限,而其他人不在此例,那么原因就是,他们是唯一具有'被扔能力'的人群。据此,禁令所涵盖的人群(侏儒们),和禁令所不适用的人群(非侏儒),之间有区别对待是基于客观的原因,因此在目的上不构成歧视。委员会认为,国家权力一方已经证明,在此案处理中,权威机构颁布的对扔侏儒活动的禁令,并不构成虐待性行为,而且对于保护公共秩序来说是必须的,而这种对公共秩序的保护则引入了对于人类尊严的考虑,符合本协议的目的。"

到这一步,就我个人的判断而言,曼纽尔·威肯海姆在法律机构中的长征就此结束。我跟随关注这个过程的细节,并不是因为我对他个人抱有同情,而是因为这个事件对尊严在当代法学中的地位如何有所启发。我个人的意见是,曼纽尔·威肯海姆的案例说明,尊严在当代法律论述中的无处不在,造成了大量的争议和思想混乱。 67

我禁不住要这么想,曼纽尔·威肯海姆得到的是一个非常难以下咽的判决。摩尔桑市市长为他最开始的行动辩护的理由是,他要保护"人的尊严",这个说法往上一直延续到联合国人权委员会。另外,曼纽尔·威肯海姆宣称他自己的尊严被损害了,因为他不被允许按照自己的自由意志去选择职业(或者,他也可以这样辩论,在一个公共地点按照自己的意愿行事,这个"公共"的含义是,只有一定数量的付款的观众参加,而不是任何人都可以随机的进入,从而被正在进行的事件冒犯的那个"公众"),没有什么说服力。或许(当然我本人不是律师)他只是不走运,因为他最初上诉的几个协议(《公民权利和政治权利国际公约》《欧洲人权公约》)中并不包含任何有关尊严的内容。然而,当代很多关于尊严的法哲学论述的确又来自尊严观念本身,而不是依靠正式协定或者法律文本上的提法。再者,国际协议被制定出来,只不过是一种落实《世界人权宣言》的手段,而在后者中,尊严的观念是明晰的。

那么在我看来，扔侏儒活动是对尊严的损害，这一点毋庸置疑。不过，属于此例的还有大量其他的人类活动。根据我的经验来判断，如果国家把防止在深夜酒吧和夜总会里发生损害尊严的行为当作自己的责任，那么，这项工作至少够
68 他们大忙一阵子的。而且，他们到底该不该去尝试这么做？首先，谁是这种妨害尊严行为的受害者？如果受害者是那个以妨害尊严的方式来行为的人，并且他/她是根据自己的意志这么做的，而且充分地了解自己行动的后果（鉴于曼纽尔·威肯海姆费尽周章地打这个官司，我想就这一点没人能怀疑他），那么国家有什么权力去阻止他们？被有尊严地对待不就意味着我们应该有权利选择到底要不要带着尊严去行动？难道国家“保护人类个体尊严”的责任，具体施行起来就意味着它可以禁止人们按照丢脸的方式去行动？或许我按照某种丢脸的方式去行动并不是很好地在行使我选择的权利，但我难道不应该被允许这么做吗？

现在你或许会反对我刚才说的话，因为这件事不仅是要求侏儒以有尊严的方式去保护他们携带于自身的、内在的、超越性的内核——“人类个体的尊严”。事实上，确实还有其他人（除了曼纽尔·威肯海姆本人）被扔侏儒这个活动所损害，那就是侏儒人士构成的社群。当这个议题开始在美国讨论的时候，“美国小身量人士协会”强烈地反对扔侏儒活动，因为这种活动“撕毁了小身量人士花费大量努力才赢得

的自尊和框架”。关于妓女问题也有类似的辩论。的确，据说，很有可能（然而实际上很少有）妓女是完全自愿地以非胁迫性地、无剥削性地方式出售自己的性服务。不过，即便 69
这是事实，她们的行为也危害了其他的女性。男性为了性活动向女性付款，（一言以蔽之）颠覆了男性和女性之间的性关系，即便在那些不牵扯到金钱交易的案例中也是如此。

对于这个问题，这里有一些简要的评述。即便某些人的行动有降低你的声誉的后果，也不意味着你有权利禁止他们的行为。比方说，想象一下这种情况，一群学生做了些事情，降低了班上其他学生的声誉。让我们假设，这种行为本身不是那些在法律中被禁止的——他们不是到处去砸玻璃，或者类似的行为——而仅仅是，比如，有点懒惰或者粗野的名声。也许在这个例子里，其他的同学有权利向这些学生去抱怨他们的行为，但是其他同学有没有权利让这些行为完全被禁止呢？我当然希望答案是不。但是，麻烦在于，“尊严”这个词带着绝对主义的回响，这回响来自与它有关联的那个内在的、超越性的内核，那个不可剥离的价值。如果有人在侵犯**他人的尊严**，那当然是一件非常严肃的事情，国家当然不能袖手旁观。但是，假如是下面这样的情况，因为在一些人的心中，某些人的行为碰巧让他们联想起另外一些人没尊严的行为，因而觉得尊严受到损害，国家就要采取行动吗？对不起，我认为人们该对此多忍耐一些。

你也许还会认为，赋予某个人以无尊严的方式行事的权利是无足轻重的，不要也罢。我猜想你会这样反驳，没有尊
70 严对相关的人来说是件坏事，而且，就算我们有充足的理由让人们去做那些仅仅有害于他们自身的事情（比如，抽烟或者吃不健康的食物），这些理由也不过是因为，我们不想要一个这样横加干扰的国家，它对待人民的方式像个保姆。自然，一旦有其他人被这种行为损害到了，这就变成了另外一件事。

说到这里，我想要问的是：被剥夺尊严是不是永远都是件坏事？不管是对那些以无尊严的方式行事的人来说，还是对其他人来说，事实上，被放弃的尊严有没有可能（在恰当的环境下）并不是那么有价值？当我问你想一个“被赋予尊严的”人时，什么样的形象出现在你的脑海？我猜想，应该是一个比较年长（而不是年轻）、有可能头发灰白、高大（而不是矮个子）、庄严着装——有可能穿着长袍（而不是像拉奥孔一样只缠着一块腰布）、移动缓慢、有力量（而不是轻捷）的人，而且，几乎可以肯定的是，一定是个男性。而如果我请你给我举一个“信得过”的人的例子，我觉得十有八九你（尤其当你是以英式英语为母语的人）想到的是一个老式的“显贵”的形象——或许，还是个“耄老”（Alderman）。

把这个想法先放在一边，这里我简要讲一个故事，这个故事来自 1904 年 6 月 27 日的《哈克尼与金斯兰德邸报》

(Hackney and Kingsland Gazette)上的一篇报道，内容有关在“先进县薛尔迪奇”(go-ahead borough)开幕的哈格斯顿洗浴中心(Haggerston baths)。报道认为，公共浴场不是一件奢侈品，而是绝对的必备物。浴场由市长(H. B. 博德先生)亲自开张，“出席的有当地议员、官员、模范纳税人、来自周围十里八乡的大群的绅士淑女”。接下来，区议会的浴场和澡堂 71
委员会主席发表了讲话，上述报纸的报道描述之为涵盖了很多有关这个计划的“细节”。然后市长正式宣布此建筑开张，表达了对它的殷切希望(“他表示很确定所有的人都这么希望”)，认为这项事业能“获得它值得拥有的成功和赞扬”。

“耄老 E. J. 威克灵(委员会的副主席)就此在众人的掌声中头一个扎进浴池，这位值得信赖的长者让所有的人惊讶，他一口气在水底游完了整个泳池的长度。”

为你欢呼，威克灵长老！确实非常“值得信赖”！我想象着那个画面，他穿着朴实保守的爱德华时期游泳装，但是依然给人留下一个有点不敬无礼的形象(至少从我们现代人的角度来看)，多少有些公民的骄傲自大。不过他往浴池中的这一跳却给出一个很重要的教益——有的时候放弃尊严是件好事。让我莞尔称赞的不是他这没尊严的一跳从而暴露了有时候所谓的尊严就是装腔作势，实际上，谦逊而恰当的游戏感反而会增强尊严。

这就把我们带到目前的论述中相当重要的一点,那就是鼓吹尊严总是一件好事的假设——这个问题曾经是这样,尊
72 严到底是不是只是空洞的虔敬而已?如果是,它牵扯到的是什么样的尊重?但是它对吗?也许,至少在某些情况下,放弃尊严甚至攻击它,是合适的事情。我们有一种文学种类,在其中失去尊严——不管有意还是无意——这件事,被通过各种形式和方法探索过这种文学门类叫作“喜剧”。至少,乔治·奥威尔认为,失去尊严和幽默感之间的联系是喜剧的核心问题:

“如果你一定要用一个短语来定义喜剧,那么它就是,尊严坐在图钉上。不管是什么东西,只要它损毁尊严,把强大的东西带下它的宝座,最好能撞那么一下,那么它就是好笑的。”

任何在“二战”期间,或者“二战”之后在英国成长的人都能够理解幽默是多么具有社会意义。在不列颠顽强地斗争、适度而成功地从一个崇尚差异和等级的文化中抽身而出的时候,英国伟大喜剧作品的样貌[随便举几个例子:ITMA、幸运的吉姆(Lucky Jim)、二货秀(The Goon Show)、过分(Beyond the Fringe)、多可爱的战争(Oh What a Lovely War!)、那周就是那周(That Was the Week That Was)、大蟒蛇的飞行马戏团(Monty Python‘s Flying Circus)]都再现了这些可贵的解放瞬间。

用不敬的方式剥下尊严镀在权力表面的铜锈，经常是一
件让人痛苦且令人震撼的事。然而，此种对尊严的攻击是如
此重要，以至于我认为我们应当去拒斥任何国家想要延展其
义务的努力，这种延展从保持尊严的义务，跨越到私人情感
和良好品味的领域。若我们能明白，个人尊严源于生命个体 73
内心的超验性核心，即发挥出我们所需要的内在价值，那么
“个人尊严”说就显得言之有理了，而且，国家权力也应当为
其保架护航。不过，当这意味着我们赋予国家一种权力，以
增强某人以尊重的方式对待自我和他人的义务，甚至是对某
种抽象实体，如国家本身，保持尊重，那么情况就会变得非常
可疑（例如，乌克兰刑法第 161 条，“羞辱国家荣誉及尊严
者”可最多获刑两年）。我们离那些暴君们一向用来保护自
己的法律——那些针对“冒犯君威罪”（lèse-majesté）的法
律——就很近了，近的可怕。

如果生活在民主社会里的公民必须有不敬的自由，那么，它和尊重他人的尊严这个义务怎么协调？我们对体现在某些个体身上的人性的尊重（有些时候会更重要），是会保持的，尤其当我们拥有对这个人不敬的各种理由的时候——最明显的例子莫过于罪犯。正如基督教的官方训诫所说，去仇恨罪，但爱那罪人，然而这是一条很难遵守的人生信条。很显然，各种特定形式的羞辱性的惩罚总是无法避免的，然而我们怎么样才能做到惩罚一个人的时候不羞辱他？怎样

才能剥夺一个人的自由并将其置于持续不断地监视之下而不羞辱他？再者，用惩罚来传达出羞辱性的信息，这并不是一个人们不想要的副作用。羞辱本来就是惩罚的一部分。国家对罪犯传达的信息不仅仅是说：你对社会欠了债，现在
74 是你来偿还的时候了。实际上，判决和惩罚一名罪犯的时候，国家是用谴责来公开约束他/她的行动。

然而，有两点因素不应当被忘记。第一，掌握权力的人和不掌握权力的人，这两种人的情势之间总是有很大的不同。当然传统上这种事情起作用的方式都是自上而下的。如果有人不能对国王、贵族或者法官等比他社会地位高的人保持适当的尊重，那他就要受惩罚，因为这些人都具有有尊严的地位。但是在一个民主社会里，事情就要反过来：拥有权力的人被要求对普通人表示出尊敬，而不是普通公民一定要尊重掌权者。我嘲弄国家元首是一件事，国家元首嘲弄我那就另当别论了。当国家在施行最极端的权力来对抗人们的时候——在惩罚罪犯或者用暴力进行战争的时候，都应该带着尊严对待他人，这就是保护尊严非常重要的原因。第二，有些事情是错误的，但这并不总是意味着国家就有权力去禁止它。我们不得不承认，很多对尊严的攻击是无聊、令人震惊、让人沮丧的，根本没有解放性的颠覆力量。但是我们恐怕不得不接受它们，因为我们要防止那些颠覆性力量对尊严的攻击。

一旦尊严被表达成那种内在的、超越性的核心,成为一种一定要被保护的、超越其他一切的价值,这种在相互竞争的要求间保持平衡的需要就从我们的视野里消失了。为了说明这一点,让我预告一些本章后半部分的讨论,我将要讨论一些从德国最高法庭中来的例子。1987 年,德国最高法 75
庭维持了对一本讽刺杂志的判决,该杂志把著名的政治家弗朗茨·约瑟夫·施特劳斯(基督教社会联盟的长期领导人)描绘成一只正在交配的猪。判决为,"性行为构成私人生活必须要保护的核心的一部分,对之如此描绘,目的是贬低涉案人个体的价值,从而剥夺他作为人的尊严"。(BVerfGE,75,36)但是,政治讽刺漫画难道不就是为了要挑战那些它们描绘的人的尊严吗?所以,毫无疑问,它们一定会"贬低涉及人士个体的价值"。难道这不就仅仅是在民主社会中,那些大人物(施特劳斯在当时毫无疑问在于此列)必须要忍受的粗鲁无聊的事情而已吗?

进行毫无尊重的行为,无疑是一种权利,是一种可以小心地、机敏地使用的权利。也许这种事情到什么程度可以被允许是有一个界限的(可以理解,这种界限在德国要比在其他民主国家狭窄得多,因为它毕竟有带有仇恨演讲的耻辱历史所导致的迫害)。但真正需要被拒斥的思想是,认为侮辱性的、让人沮丧的言辞自动地侵害了人类价值的基本核心,所以允许这种行为就是"剥夺了施特劳斯先生作为人的尊严”。也就是说,我认为,这就是我们从曼纽尔·威肯海姆先生的案例中得到的严肃的教训。对我来说,疑点在于,如果对作为道德基础的人类尊严思想的具体内容持一个开放的态度,那么对那些需要把尊严观念运用在法律环境里的人
76 来说,他们就会用另外一个非常不同的“有尊严”的观念来赋予尊严内容——要求曼纽尔·威肯海姆用一种“有尊严的”方式行动。然而,与此同时,这种要求被表述成一种不可侵犯的个体的核心。而这是一个很大的错误,不仅仅因为它拒斥了公民以下的权利:以没尊严的方式对待他(她)觉得不值得尊重的人和事,且因为这种“有尊严”的情况不应该延伸成普遍性。那些相信人类尊严是基本价值、需要国家来保护的人里面,定然没人会认为一个儿童不在这个保护的范围里。但是还有什么人比两岁小孩更不被赋予尊严?我想有人会反驳说,两岁的儿童具有优雅之美。但是尊严?绝对没有!

2.2 德国

在不同的司法系统的法律条文和司法判决里,以及在国际人权协议和宣言里,都出现了“尊严”,但是在法律体系里整合尊严观念,没有国家比德国走得更远。德意志联邦共和国基本法里宣称,不可侵犯的人类尊严是一项最基础的宪法性原则。《魏玛宪法》就已经提到了尊严,但《德国基本法》

第 1 条提到的第一件事就是关于提升尊严。联邦共和国的目的是想要确保它在德国法律体系的中心地位。第 1 条的头两款的官方译本是这样的： 77

(1)人类尊严不可侵犯(unantastbar)。尊重它、保护它是所有国家性权力的义务。

(2)就此，德国人民认定不可侵犯(unverletzlichen)、不可剥夺的人权是每一个社区、世界和平和正义的基础。

(请注意，这里的“不可侵犯”，原文使用了两个不同的德语词。有不少人认为这两个词的词意有很重要的区别。)

《德国基本法》的第 1 条被宪法法庭(Bundersverfassungsgericht)在各种情势下启用：比如，驳斥无释放可能的终身监禁(联邦共和国的法律从来没有过死刑)、给国家监视私人住所的活动设限、阻止要求受审查的人口普查数据的强制汇总的法案通过、保持对窥视秀的禁令，以及最近发生的阻止下列法案动议通过：允许击落被劫持客机，以防它们被恐怖分子用来进行自杀式攻击。各级法庭也对一系列构成侵犯人类尊严的活动内容达成一致：包括酷刑折磨、奴隶制、种族屠杀、将某人投入屈辱性的非人道的惩罚中、绑架、污名化、对所谓“无价值的生活”进行摧毁、人体试验，等等。当然，德国法庭系统对尊严的解释非常复杂，但是我认为它们背后的基本原则很有启发性。 78

在具体探讨之前，我们应该回顾一下《德国基本法》诞生时的环境。它在 1948 年、1949 年的计划、起草，正好赶上“冷战”。西方和苏联的冲突持续增加（封锁柏林造成 1949 年 5 月柏林自由飞行区关闭，而同一个月《德国基本法》进入实施），作为回应，西方占领力量和比、荷、卢关税同盟国坚持认为，西部德国的州郡应该联合起来单独成立一个国家。而西部德国人自己却很不愿意这么做，即不愿意看起来是在接受德国一分为二的既成事实之合法性。所以西德人用“基本法”的名义来代替“宪法”，表达了他们希望这个新国家只是临时状态。对于基本法来说，有两个重要的要求：第一，必须在新的德意志国家和它的各个前身之间划出一条清晰的界限，最显而易见的是要和纳粹国家的暴行区别开。第二，让联邦共和国建立一个新的政治身份，以区别于它在东部的对手（德意志民主共和国于 1949 年 10 月诞生）。国家权力应该被引导去“尊重和保护”人类的尊严，而且，“因此”人权应当被认定为“不可侵犯的、不可剥夺的”，这种思想可以说是对上述两个问题的回应。

《德国基本法》由各个不同的德国州派出的政治代表同意通过（不过西方同盟国多少站在幕后，他们要求所有的文
79 本都要交给他们批准通过，但他们避免直接参与辩论）。这些代表组成两党，主导了战后的德国政治，它们是基督教民主党（CDU）和社会民主党（SPD）。通过科纳德·阿登纳（Konrad Adenauer）这样的政治家（第一任联邦总理），天主

教会的影响力变得很大，不过基本法第 1 条是一个典型的“求同存异”操作的例子：文本的结构、文本中的措辞，都是精心设计过的，为的是能让辩论参与者中的宗教一方和世俗一方同时接受。所有这些因素都对尊严如何在具体管理中得到解释起了作用。

2.3 康德学说的背景：人性的公式

尊严是人性不可侵犯的特征，这个《德国基本法》的原则可以追溯到康德。在《道德形而上学》里，康德写道：

“人性本身就是一种尊严，因为任何人都不能把一个人仅仅当作手段（不管是对自己还是对别人），他必须同时还要被当作是目的。只有这样他的人格性[personhood (personlichkeit)]才能构成，通过这种方式他才能升华他自己高于世上其他非人的、然而有用的存在，也就是，高于一切**物/东西**(things)。”(Ak. 6:462) 80

而我们个人身上的“人性”（作为道德律令的肉身化）在《实践理性批判》里，很明确地被描述为“不可侵犯的”：

“道德律令是**神圣**的[不可侵犯(unverletzlich)]。一个人类个体确实不够那么神圣。但是在他的个人身上的**人性**(*humanity* in his person)，对他来说一定是神圣的。”(Ak. 5:87)

更进一步，我们在第一章中讨论过人格性(personhood)，对康德来说,从道德上讲是基础性的——它是“决定行律令的基础”(the ground of determinate laws)(Ak. 4:428)。从一开始,评论者们就重点强调了基本法的康德根源。比如,天主教法律学者君特·杜里希(Günter Dürig),在他 1958 年的点评中,就有一个著名的康德术语的回声,而君特的这个句子本身则被广为引用:

“当一个人类个体(der konkcrete Mensch)被提炼,成为单纯的手段,成为可以替代的大量值(vertrebrare Größe),那么人类的尊严也就被侵犯了。”

杜里希的这个所谓的“客观公式”(Objektformed)成了德国法律中尊严意义的起点,所以当我们问起我们应该如何理解它表达的康德思想,它是说得通的。那么对康德合适的解释,是不是能让我们用一种明晰的、原则性的方式为尊严画下一个界限,因此给我们一个“决定性的律令”?

在著名的“绝对律令”(categorical imperative)[传统上
81 被称作“人性的公式”(the Formula of Humanity)]论证中,康德写道:“当你对人性作出行动,不管是对你自己还是对任何其他人,一定要永远(always)同时把这人性当作目的,永远不要把它们仅仅当作手段。”(Ak. 4:429)当然,人性的公式到底意味着什么,在学术文献里有无数的讨论。我在这里给出一个我自己非常简要的概述,我会忽略一些细节性的讨论,尽我所能把它所涉及的深层问题说得清楚。既然这么说了，那么我想我不必为从显而易见的点开始而抱歉。人性公式有两个要素：第一，它提出对待人性，“永远（always）要作为目的”；第二，“永远不要（never）仅仅作为手段”。让我先看一下这第二点，怎样就算是“仅仅作为手段”对待一个人？

一种毫无争议地把人仅仅当作手段对待的方式，是把他们当作物理性的物体。比如，一个寒冷的大风天，一群人排成一列等公共车。你走过去躲在他们后面，把这些人当成你的人肉屏风。显然，你把他们仅仅当成手段，除此无它——你把自己的利益放在前面，而且不把这些人当人（的确，如果这些是不能动的木头，你的利益还是会得到保护）。尽管如此，虽然你把等公共车的长队当作挡风的屏风，也即是说，你把这些人仅仅当作手段，看起来你似乎也没做什么道德上值得反对的事。毕竟，虽然你在占他们的便宜，你也没有在任何意义上损害他们。他们还是站在那里，跟你不在那里的时候，一样冷、一样惨（至少更冷更惨）。 82

然而，这种把他人仅仅当作事物的情况，是非常少见的——大多都是哲学家们用自己的能力想象出的不真实的例子，真实生活中的例子要复杂得多。记住，康德并没有说我们完全不能拿他人做手段（更严苛地说，以这些人身上的人性为手段）。确实，很难想象，如果我们不被允许，至少在某种程度、某些时刻互为手段，社会生活要怎么继续下去。（公车司机是你去上班的手段、IT团队是你的网络正常运行的手段，等等）。康德的禁令在于，**只**把别人当作手段。通常当我们利用他人的时候，我们只是以有可能的方式去对待他们，因为他们不仅仅是事物——是他们作为人类的能力让他们有用。而这一点在我们以道德上不可接受的方式利用他人的时候依然适用：你没办法去欺凌、欺骗、剥削一块儿木头。不过这样就必然带来另外一个难题：当我用这种方式利用别人的时候——比如，对他撒谎——难道我不是同时在某种意义上**指认**他们为人，而且，因为这个原因，把他们当作人？毕竟，我还在对他们说话，期望他们能够懂我在说什么。所以现在就是这个问题的第二步：如果正常地利用别人，需要我们至少在最低限度指认他们**作为**人（拿对人的方式，而不是对待一个不动的物体那样的方式对待他们），那么我们还要做到什么，才算是不再“只是作为手段”去对待别人？

一个很明显的想法是，如果我们对待此人的方式是，不给他们的利益（他们的愿望和他们的福祉）以独立的权重，
83 就算人已经被指认为人，他还是被仅仅当作手段。这样考虑的话，一个奴隶主如果不是为了增进自己的利益，就不会去做任何事情去增进他奴隶的福利，那么他对待奴隶的方式就可以说是“仅仅是手段”。所以，也许从这一点我们可以推论出，如果我们给他人的利益以独立的权重，那么我们可以说是不再仅仅以他人为手段。但实际上这种想法是不对的。如果一个奴隶主非常残暴地剥削他的奴隶，但无论如何也不

竭泽而渔，那么这难道不符合康德的标准？然而很明显，再怎么样也没法说拥有奴隶在道德上就是可以接受的。哲学家德里克·巴菲特(Derek Parfit)讲过一个故事，说的是他母亲怎么在中国被河匪抢劫的故事。河匪最后允许她保留自己的结婚戒指。很明显，这小小的骑士风度，表明这些河匪没有把巴菲特夫人仅仅当作手段，因为他们没有拿光她身上所有的东西。但同样明显的是，这也不说明他们就应该抢劫她。

总结一下到目前为止的行文：我们想象了这样的可能，通过仅仅把人当作物体的方式(当作挡风的屏风)把人仅仅当作手段，看起来似乎在道德上是可以接受的。另外，无论是在和别人互动的过程中承认他们的代理能力(agency)这样一个简单事实，还是给予他们的利益一定的权重(这两种都是合理的方式，让我们认为，我们没有以“仅仅作为手段”的方式对待别人)，都不足以让行动在道德上可以接受。在 84
文献中，当然还有更多复杂的情况，不过我觉得我们已经做足准备，可以知道，施行“不要把人仅仅当作目的”这个原则，深入下去会遇到种种难题。那么，我们怎么看待康德思想正向的那一面，就是说，我们应该如何把人当作“目的”？

在阐发关于人性的公式之前的段落里，康德讲述了人如何是“他们自己的目的”。他的方式是，比较那些根据我们的倾向、在某种条件下才有价值的事物和那些无条件就具有价值的事物之间的区别：

“假设有这些事物，**它们存在于自身**，拥有绝对的价值，这些事物**自己就是目的**，可以作为决定性律令的基础。那么在其中，且仅在其中，会找到可能的绝对律令，也就是实践性律令的基础。

现在我可以说，人类，以及一切埋性存在，都以自身作为目的而存在，没有这种或那种意志作为指导去把他们当作手段来使用；相反，他必须在他全部的行动当中，不管是导向他自身还是其他的理性存在，都总是**在同时被当作目的。**”（Ak. 4：428）

康德还说，即便是非理性的、活着的、独立于我们意志而存在的造物，依然“作为手段，只是拥有相对的价值，因此只能被称作‘物/东西’[things（sachen）]”（Ak. 4：428）。而相反，拥有理性的存在者，“被称作人，因为他们的性质已经把他们标记为自身的目的，也就是说，他们是这样的造物，不能被仅仅当作手段，也因此这性质限定了所有的选择（sofern alle willkur einschrankt）（以及，成为尊重的对象）”（Ak. 4：
85 428）。每个人都是道德的肉身化，拥有着绝对的价值，独立于任何偶然的欲望和选择。体现在人类身上的绝对价值，也就是道德律，是尊重的对象，同时（康德这么说）它们作为“决定性律令的基础”发挥作用。

如果人类真的以这种类型为目的，那么我们应该怎么去对待他们？解决这个难题的一个好办法，是把康德的观点和实用主义的观点作比较，作为一种哲学流派，后者认为幸福是唯一的终极目标。对于那些与个体的欲望和选择（他们的幸福）有关系的目的，以及有独立的价值的目的（广义上的幸福），实用主义也在这两者之间做出了区别。对于实用主义来说，广义幸福本身是一个目的。然而幸福是一种我们知道如何去促进的目的：越多越好！而作为比较，虽然你可以说人类的道德人格（personhood）是一个“目的”，但是我们对于该如何推进它却是完全不清楚的。人格不是一种可以通过推进来产生的状态，不是一种我们可以接近或者远离的事情。人类，只要还是道德的代理者，就已经拥有了不可分离的人格尊严。怎么把人类当作**目的**来对待就变成了另外一个开放的问题。我的结论是，康德人性公式的两个部分都没有给出明显轻易的方法，来解决什么是道德上被允许的，什么是道德上不被允许的这个问题。

当然，康德自己并不相信他的道德理论缺乏内容。在 86
《基础》（*Groundwork*）中，人性公式是在康德在另一个同样著名的公式（原理）——普遍法则原理（the formula of universal law）中，表述过绝对律令的观念之后出现的：“只有你在行动的时候愿意让它成为一个普遍法则时，你才按照那个箴言（maxim）去行动。”（Ak. 4：421）人性公式着重的是一些有内在价值的内容（人类是道德律令的肉身化），普遍法则公式探讨的是理性意志的结构。根据康德的论证,有些行动被禁止,是因为,要么我们无法去**想**关于它们的箴言(它们背后的原则)会成为一个自然的普遍法则,要么我们**不愿意**有关这些行动的箴言变成法则(因为这样意志会和它自己矛盾)(Ak. 4:424)。在这两个公式的论证之后,康德列举了四个道德义务的情况。他声称,这四种情况都可以从两种公式中的任意一个平等地推导出来。这四个情况被假设是四种基本义务的例子,分成两列:对我们自己的义务和对他人的义务;完全的义务和不完全的义务。禁止自杀是对我们自己的不完全义务,而遵守承诺是对他人的完全义务;发展自己的能力是对我们自己的完全义务,而帮助他人是我们对他人的不完全义务。

那么,很自然,康德的现代解释者使用的是强调道德意志的普遍法则原理,以之来确定人性公式。当代康德学者克里斯汀·克斯加德(Christine Korsgaard)考察了事物在广义
87 上怎么成为目的,用这个方式来解释我们该怎么去理解人性"成为自身的目的":

"问题是,一个目的中善的来源是什么,比如一种普通倾向的对象中的善。这种来源可以追踪到某种力量,而这力量来自于理性选择的目的,在这种情况下,这种力量施行于这种目的。所以当康德说理性的天性,或者说人性,在其自身是一种目的时,他指的是理性选择的力量,特别是,设定一

种目的（通过授予某种事物善的状态来使之成为目的）而且通过理性的手段达成它的力量。”

根据克斯加德的解释，通过选择和意志，我们有赋予事物价值的能力，而选择和意志让我们成为代理者。我们能够理性地这么做让我们成为道德的代理者，也就是我们自身成为目的。与之类似，奥诺拉·欧尼尔（Onora O’Neill）也把人类作为其自身的目的这个价值，和具有理性代理力的能力联系在一起：

“事物不能行动，所以也无法拥有箴言，所以也无法同意或者不同意它们被使用的方式……当我们在事物上强加我们意志的时候，我们并没有阻碍、约束或者损害它们的代理力——因为它们本来也没有任何代理力……相比较，如果我们把其他的代理者仅仅当作手段，那么我们就会阻碍、约束或者损害它们的代理力。在我们自己的项目里，我们把他 88
们当作我们的道具和工具，事先清空他们的意志，拒斥了合作或者同意，乃至不同意的可能。我们不仅可能以他们不同意的方式行事，还可能按照他们无法同意的原则行事。”

克斯加德和欧尼尔［都是约翰·罗尔斯（John Rawls）的弟子］是当代两位最有能力的康德道德哲学的倡导者。她们的学说把如何将人类当作其自身的目的对待，和人类作为理性代理者的天性联系起来——对于克斯加德，这天性在于用理性选择赋予事物价值的能力；对于欧尼尔，则是道德要求，即对待个体应该以他们能够（理性地）同意的方式。当然，这两种论述很轻易地可以被看作在互相补充对方。大致来讲，这两种学说，在关于人如何是他们自身的目的方面，都给出了一种我们称作唯意志论（Voluntaristic）的论述——当然，在以下这种意义上，有绝对价值的并不是这种或那种随意的选择，而在于人类本来就是有内在价值的，因为他**同时**既有广义上讲的意志的能力，**又**有根据理性约束自己意志的能力。

那么，为什么对德国宪法性法律中尊严的解释，不仅仅是简单地给予人性公式一个具体的法律表述？答案之一是，具体要确定这个人性公式到底意味着什么，以便从中得出确定的“决定性律令”（determinate law）难度相当大。但这只是故事的一部分。我们不应该忘记尊严在基本法和在康德
89 伦理学的人性公式中扮演的不同角色。人性公式是康德绝对律令（categorical imperative）中的一个论说。也就是说，它（至少，它的一部分）具体体现了一种复杂的道德原则，如果加以正确恰当的解释（或者说康德愿意让我们这么相信），它显示了不同种类的、应用在个体身上的道德义务：我们对自己的义务、我们对他人的义务、完全义务、不完全义务。当尊严被整合进像德国基本法这样的宪法性法律的时候，则扮演了一种非常不一样的，或者说狭义得多的角色。作为一个自由民主国家（译者注：或译解放民主，liberal-democratic

state)法律框架的一部分,正如一项法律该做的,它为国家行动产生规范,约束个体的私人行动。在宪法性法律中,“尊严”仅仅是为私人行动设立边界,跨越边界国家就可以被召唤来采取行动,施展其强制和干预的力量。“绝对律令”则划定出个体在一般意义上该如何行动的原则,而宪法性法律中的“尊严”则不同,它仅仅为个体行为建立边界,一旦越界,国家权力就可以干涉。

2.4 天主教义和基本法

我们不能把基本法中的“尊严”简单地理解为,这是试图把康德对以人为目的和以人为手段的伦理区别转换成法律实践。还有另外一个原因,对我来说这个原因更加重要,
那就是另一个非康德传统的伦理思想来源。它就是天主教 90
传统,对德国法律的影响也很大。当然联邦共和国认为自己是一个现代的民主国家,在它的架构里宗教不扮演任何政治角色。尽管如此,宗教对法律和政治的影响(特别是天主教)一直都很强大。德国主要的中间偏右政党——基督教民主联盟(CDU),和它的巴伐利亚教基督教社会联盟(CSU)——有非常明显的基督教倾向。根据2005年进行的一项调查,CDU成员的51%是天主教徒,33.3%是新教徒,15.7%不属于任一教会。而巴伐利亚地方党CSU毫无疑问具有更严重的天主教色彩。基于可以理解的历史原因,战后

政治中宗教的影响立刻变得非常强。大部分还没有因为在纳粹时期的行止而失去信誉的右翼政治公共人物（相对来说比较少）都有很强的宗教背景（最明显的就是之前提到的科纳德·艾德瑙沃尔）。再者，德国法律界本来就有很多天主教人士（既有司法人士，又有学术律师）。除了君特·杜里希、厄恩斯特—沃尔夫冈·博肯弗德，被有些人认为是最有影响力的宪法法庭成员（1983～1996年的大法官）就是天主教徒（同时也是卡尔·施密特的学生，SPD的成员）。

我们在上一章中谈到过，在19世纪的时候，“尊严”在天主教伦理和社会思想体系里扮演主要的角色，来代替“人权”观念。它被用来（如利奥八世）反对各种不同的民主、和
91 平等观念，以利于推行一种关于社会和家庭的观念，这种观念是（被声称是）神圣降世的权威秩序的具体体现。19世纪末20世纪初教会认定进一步执迷于这些大众主权的民主观念，这些观念进一步的恶果就是社会主义。而天主教会反对这些民主的平等主义，结果就是他们对各种极右运动——法西斯分子和佛朗哥分子——缺少批评，而这种情况让他们对抗纳粹的效果大打折扣。说白了，19世纪天主教会的尊严观念，是它和法国大革命原则之间旷日持久的战争的一部分。

到基本法（以及《世界人权宣言》）的时代，这场战斗终于结束，天主教的社会训诫也经历了一场非常有意义的（大

部分时候静悄悄地)转向。可以理解,到"冷战"的时候,教会原则上主要就是在反对共产主义了。天主教徒现在准备好了,把人类尊严和平权、民主这些观念联系在一起,这样他们就和世俗自由主义结成统一战线,以便对抗东方的帝国。这样的情况下,教会就很愿意为基本法第 1 条背书,而基本法第 1 条强调的就是人类尊严的先决地位,"从而"起到这样的作用,即成为所有人平等拥有的"不可侵犯""不可剥离"的人权的基础。天主教会关于社会训谕的根本性转变 92
最终被第二次梵蒂冈大公会议确立下来。(有意思的是,等到联邦政府成立的时候,似乎又没有人长这个记性。CSU 主导的巴伐利亚州议会拒绝通过基本法。虽然他们也投票,说如果西德各州有 2/3 通过,那么法案就可以被接受,当然后来的事实也是这样。议会反对的声音中,有一个来自一位天主教牧师。就像利奥八世自己会做的那样,他在反对第 20 条中声明,"所有国家权力都来自人民"。)

不过,尽管因为天主教的传播,在"二战"后广为人知的尊严观念本质上讲是平等主义的,倾向于尊重人权,但这绝不意味着教会的尊严思想就和康德的道德观念一致。关于这一点,下面这个基本问题的答案最能说明问题:人类尊严的携带者是谁?我们已经简述过,康德的回答是"人性(humanity)自身就是一种尊严"(Ak. 6:642)。但是,对康德来说,"一个个体的人身上的"不可侵犯性恰恰就存在于我们的道德代理力上，也就是“神圣”的道德律令在我们身上出现（Ak. 5:87）。把这个观点和“我们自身就是目的”的观念联系起来，克斯加德这样表述：“设定一个目的的力量（通过赋予某种事物善的状态，从而使它变成目的），而后通过理性的方式去追求它。”那么这样就颇为狭窄地给人格性（personhood）划出一个界限：它局限在那些能够能动地行使他们理性代理力的人类，而这是被天主教会强烈反对的。众所周知，天主教会认为人类个体的尊严从“受孕那一刻”就
93 完全存在了。为了坚守这个立场，教会的自辩是，把边界定得更窄一些是有害的现代倾向的结果，这种倾向把人类价值的起源定位在人类的意志上。

20 世纪 90 年代，天主教会约翰·保罗二世给他的主教们发出两份非常重要的谕旨：1993 年的《真理的宏伟》（Veritatis Splendor）和 1995 年的《生命福音》（Evangelium Vitae），其中他主要的攻击对象是当代世俗道德思想中的唯意志论，他认为这是一种扭曲了的价值观。［此时，德国人约瑟夫·拉辛格（Joseph Ratzinger），也就是后来约翰·保罗二世的继任者，本尼迪克特十六世，是信仰神圣委员会的主管。他是当时教皇在信仰信条方面的主要干将，我们完全有理由相信他对这两份谕旨的产生发生过重大影响］《真理的宏伟》是一份很长很复杂的文献，对天主教在道德上的观点进行了阐述。它正面论述的观点非常清楚——道德的起源

是神圣的，这不可更改，道德体现在自然法则之中，人类可以以良心的方式触及它们，更完美的方式是通过教会和经文揭示出的启示。然而，更有意思的是约翰·保罗二世对当代道德状况——教会必须考虑和它的教导争锋的这些另类说法——的判断。

《真理的宏伟》对当代道德思想潮流的应对主要集中在
对人类自由的理解上。约翰·保罗二世这样写道："今日争 94
辩甚嚣的诸多人类问题，在当代道德反思中得到各异的解决，然而这些问题，虽然以不同的方式呈现，但都和一个关键的问题紧紧联系起来：**人的自由。**"(31)教皇先接受人类自由是现代社会的基本特征，他这么写道(足够不造成争议)："今天的人民对自由有极其强烈的感觉。"(31)确实，他对某些观点进行背书："这种对人类尊严的强调，这种对他或者她的独一无二的强烈感受，对良心的旅程持有的尊重，当然代表着现代文化的成就之一。"(32)但是(在这种论述中，总有一个"但是")教皇也警告说，现代文化对自由的强调也带着一定的危险。"这种感受，虽然有其本真性，以各种多少让人满意的方式表达出来，但其中有一些偏离了人作为上帝的创造物和形象的这个真理，因此需要以信仰的光辉来纠正、来清洁。某些特定的现代思想走得如此之远，以至于**把自由抬高到如此地步，把它当作一种绝对性，当作价值的来源**。这种方向，被那些丧失了超越的意义、明显是无神论的诸多教条所取。”(31,32)把人类的自由看作一种绝对性,同时看作“价值的来源”,这种做法是把道德从真理上切割下来,从而为相对主义铺平了道路。虽然这段话表达的方式是那种“教皇口吻”的晦涩,不过有充足的证据说明,在这里教皇重要的批评对象是康德主义。

两年之后,进一步跟进这些关于道德性质的综合考虑,
约翰·保罗二世以尖锐的言辞发表了教会对性问题和生物
95 伦理问题的训谕《生命福音》。论述的焦点在于,教皇指出
了对人权的民主性确定和现代西方社会中流行的“死亡文
化”之间的基本矛盾,而以后者为基础,堕胎是被合法化的:

“一度让我们发现了‘人权’的过程,在今天则显露出令
人惊讶的矛盾——我们每个人都拥有这些权利,先于任何政
治框架和国家法律。准确地说,在这样一个时代,人的不可
侵犯的权利被庄严地声张,生命的价值被公开地确立,但是
恰恰是生命的权利本身被拒斥、被践踏,尤其是在更有意义
的瞬间:生的瞬间和死的瞬间。一方面,各色对人权的声张
以及各种被这些声张所激励出的计划,表明在全球范围内,
某种道德感在加强,对承认每个个体作为人的价值和尊严更
加的警醒,不分种族、国籍、宗教、政治意见和社会阶级。另
一方面,这些高贵的主张,却和它们在实践中悲剧性的名声
96 相互矛盾。这种拒斥更加的令人沮丧、实际上更加丑闻化,
正是因为这些事情发生在一个以伸张和保护人权为目标、为

骄傲的社会。对这些原则日益重复的主张和对生命的攻击持续增长扩散的辩护，怎么能互相调和？拒绝接受那些弱者、有需要者、老者，乃至那些怀孕者，我们怎么把这种拒斥和那些人权的伸张调和起来？这些攻击直接的目标就是对生命的尊重，而它们代表着对整个人权文化的直接威胁。”

看到20世纪后期的天主教会用普遍人权的语言来表述它的伦理观点，还是相当震撼的，这在一个世纪以前根本上无法想象。教会现在反对的目标不是在“人权的文化”中施行的、否认社会等级秩序和神圣权威的观点，而是人权没有被一贯性的施行，把那些“怀孕者”排斥在外。

在这篇训谕的下一段，约翰·保罗二世给自己设定一个任务，去探索“这种了不得矛盾的根源”。贯彻《真理的宏伟》的精神，我们毫不惊讶地可以看到，他认为这个根源来自于关于价值性质的唯意志论和主观主义观念：

“从文化和道德性质的整体衡量中，我们可以找到（这种矛盾的根源）。我们从携带着主体性观念的思维定式出发，这种行为定式甚至把主体性的观念推向一个极致，甚至 97
扭曲它，而且只有当一个人享有全部的或者至少已经萌芽的自律性，从对他人全面依赖的状态中走出，我们才把他确认为权利的主体。但是这种原则和把人确立为一种‘不被利用’的存在，这两者之间怎么相容？人和动物、东西不同，不可以屈服成为他人主导的对象，人权理论恰恰以此为基础。

我们也必须要提到另一种思维定式，把个人尊严等同于语言的、明晰的，或者至少是可感知的沟通能力。很明显如果以这些假设为基准，那么社会结构中的脆弱因素在这个世界上就完全没有位置，比如未出生者和将死者，或者那些完全生活在他人的慈悲之下、极端依赖于他人、只能用深层地分享他们的感情这种沉默的语言来和他人沟通的人。在这种情况下，人际关系和社会生活中选择和行动的标准就变成了力量，但这恰恰是一个法治国家所反对的，历史倾向于证明，一个法治国家是一个社区，在其中'理性的力量'代替'力量的理性'。"

总而言之，天主教会同意现代世界将人类自由摆在中心
98 位置，也同意作为"尊严"具体肉身化的人携带有普遍的、不可剥夺的权利，但是它拒斥下面的观点（和现代社会对自由的理解相联系）：自律性（Autonomy）对于拥有权利必不可少，或者说道德选择或多或少是人的选择和意志的结果。很明显，在根本层面上，当代天主教主义和康德主义仍然有互不同意的地方。在克斯加德和欧尼尔这样的诠释者对康德的"唯意志论"（我这么叫它）的表述中，价值的终极来源，是人理性的设定和统一目的的能力，而只要人体现和施行这种能力，那么价值全面优先的携带者就是人类自身。很简单，约翰·保罗二世拒斥这两种观点。

与此同时，有意义的是，在上述两个训谕中，约翰·保罗

二世使用的语言,非常容易让人联想起康德思想。上面引用的《生命福音》的段落里,他谈到人是"'不可以被利用'的存在",或者"屈服于他人的主导"。在《真理的宏伟》中,另有一段更加明显是康德的回音:

"在人的尊严光辉里,理性才能把握住特定的道德价值,这些价值具有确定的善,人自然地要倾向于它。而这个尊严,出于为它自身的考虑一定要得到肯定。而且,人不能被提炼成一种自我设计的自由,而是具体展现成一种特定的 99
精神和肉体的结构,成为一种主要的道德要求,去爱、去**尊重作为目的的人,而永远不会仅仅把他们当作手段**。按照它的天性,尊重基本的善,如果没有这个善,那么人就会堕入相对主义和随意性。"(48)

如果我们以对康德"唯意志论"式的解释,来看这一段(某种程度上又被重新编码),它很有意思。确实,以那种观点,人的尊严被指认,就是因为人们具有"自我设计"的尊严——用理性的手段来设定目的并达到它们的力量。然而,这种自由不是任意的,是有限定的,每个人的自由必须和其他所有人的自由共存。而教皇确定的是这种对人类意志的限制,而不是确定这种限制来自其他个体的意志。一种"特定的精神和**肉体**结构",把某种基本的善设定成目的,这些善的目的必须理性地被承认。也就是说,用这种方式,我们可以把天主教会解读为提出自己对人性公式的解释:对待人的方式,应该和他们在神圣建立的自然秩序中的位置一致。

2.5 解释基本法

有一点经常被指出(至少,由联邦共和国的建立者们自己),不同观点的人有可能接受一个共有的法律、道德或者
100 政治概念,而不一定要互相承认他们各自的哲学基础。尽管这是一个足够靠谱的事实,但是,当把这种概念付诸实际时,也会出现很多问题。阐释者们需要知道这些概念到底是什么,以便实施它。而且也需要知道,除了它们背后的原则之外,还有什么地方可以得到对这些概念的解释。

关于尊严,这个问题尤其尖锐。也许你会说,没错,康德主义者和天主教徒都同意人类拥有"尊严"——也就是说,他们天生就拥有某种"绝对的",甚至说"不可违背的"价值的内核。但是从这里出发之后呢?如果像阿奎那和康德用不同的方式论证的那样,尊严是在其自身中拥有的东西,我们要如何对待肉身化了的这个价值的存在?这之后会出现什么权利?剥夺某人的尊严到底是什么意思?如果尊严是我拥有的可以被剥夺的东西,那么我们就可以描述它怎么样从我们身上被剥夺。但是如果尊严对于作为人的我是本质性的,那么可以假设,无论别人做什么,它都会保持在我身上。当我们说,人们被"剥夺"了他们不可剥夺的权利,我们的意思是说,很明显,这些权利不是以某种方式凭空消失了,

而是人们实施这些权利的机会被夺走了。那么,“实施”(或者说被迫不能实施)我们不可被剥夺的尊严到底意味着什么?

而且,对于这些潜在的难题来说,在德国法庭上,关于尊严的解释,实际上发生的公开冲突比我们预期的要少得多。而其原因对我来说,非常有意义。 101

在一些康德主义和天主教教义互相冲突的核心问题上,宪法法庭旗帜鲜明地和天主教战线(或者至少是对宗教友好的势力)站在一边。在处理尊严边界问题的时候尤其明显——谁是尊严的拥有者?1975 年,宪法法庭否决了一项试图将堕胎合法化(在某些特定情况下)的法案动议,理由是它违反了基本法第 1 条第 1 段(关于尊严的条款)和第 2 条第 2 段(生命权条款)。它用明白无疑的语言申明了对胎儿保护的判决是基于人类尊严:

“在其母体内正在发育的胎儿,作为独立的法律主体(rechtsgut)受到宪法的保护(基本法第 2 条第 2 段第 1 款;第 1 条第 1 段)。国家负有的保护性责任不仅禁止国家直接干预这些正在发展的生命,而且应该和国家一起保护和促进这些生命。国家的义务也在于,在和他们母亲的关系中,保护这些发展中的生命。”(BVerfGE,39,1)

这个法庭回顾了 1993 年的堕胎事项,当时的问题在于,怎样和前东德各州的法律框架达成一致(德意志民主共和

国有允许堕胎的法律)。在判决中,法庭用同样具有强制力的语言又一次重申了之前对堕胎的反对:

102 “人类的尊严已经是未出生人类生命的性质,而不仅仅是已出生或者已经具有发展完全的人格的人的性质……(在)其母体怀孕期间,未出生者是某种具有个体性的事物,其已经建立了基因件的身份,因此有独一无二性和不可替代性。它是不可分裂的生命体,正处于成长和表达的阶段,还没有发展**成**人(Mensch),但是正在**作为**人发展。然而未出生生命的不同阶段可以从生物学的、哲学的和神学的角度来得到解释,问题是,这是在一个个体人类的发展中不可去除的阶段。只要人类生命存在于此(menschliches leben),人类尊严就属于它。”(BVerfGE,8,203)

法庭严厉的判决,认为人类尊严可以延伸到所有发展阶段的胎儿,这和德国的公众意见产生了巨大的分歧。2005年的一个调查显示,64%的德国公众同意“如果一位妇女不想要孩子,她应该能去流产”。(相比较,在英国有66%的人同意,而其他10个欧洲国家中有62%的公众同意)所以这个调查结果是一个很令人印象深刻的变化(令人印象深刻是因为,德国公众看起来基本上不反对堕胎)。法庭在重申堕胎是非法的(rechtswidrig)同时,也不得不接受,如果堕胎发生在某些特定的情况下(一般而言,在受孕12周之内,而且该妇女接受过独立的顾问意见之后),堕胎也不应该受到

惩罚。换句话说,法庭允许国家权力不去保护那些(据称 103
是)胎儿身上不可侵犯的属于人类尊严的生命权利,但是同时给自己保留下设定法律界限的权威,越过这个边界,看国家就可以放弃它主要的宪法性责任。毫无疑问,叔本华会报之以微笑。

2.6 达施纳和航空安全法

“道义论化”(Deontological)是哲学家们给某些道德理论贴的标签,这些理论认为,至少在某些情况下,应该去做的正确的事,而不简单是做那些能产生出最大的善的行动。显然,视人类拥有某种特殊的“不可侵犯的”价值,凌驾于其他主张之上,这种尊严观念就是道义论的,而康德主义伦理学和天主教伦理都强烈地同意这一点。这两者都相信某些禁令,认为即便破坏它们产生出的目的,也可能是善的。然而道义论理论有一个巨大的困难,即当这些道义论的主张(显然会)互相冲突矛盾的时候,该怎么办?有关在德国法律中怎么解释尊严的两个例子,能够说明这个问题有多么难解。

第一个例子被称作“达施纳审判”,2005 年在法兰克福地区法庭审理。沃尔夫冈·达施纳(Wolfgang Dashner),当时是法兰克福警察局副局长,负责调查雅各布·冯·梅茨勒的绑架和谋杀(后来证实)案,受害者是当地一名巨富家庭
的儿子。犯罪嫌疑人玛格努斯·嘎夫根,被目击到获取赎金 104

之后被捕，但他拒绝认罪，也拒绝交代受害儿童的藏身之处。警方（正确地）确定嘎夫根是独自犯案，所以当务之急是尽快找到雅各布，因为他现在无粮无水（事实上，当时受害者已经死亡）。达施纳因此威胁嘎夫根，他会经历极度的痛苦（虽然身体不会受到损伤），除非他交代受害儿童的位置。嘎夫根极快地回应了威胁，说出了隐藏雅各布的地方——嘿，有好处。

法庭谴责了达施纳并对他处以罚金（但没有判他刑期），这个判决带着极大的洞察力和人道。法庭承认他的行为背后可敬佩的动机，和当时面临的巨大压力。但无论如何，在法庭的判决看来，他做的事情代表的不仅仅是对法务人员惩罚条例的违反，更是破坏了基本法的尊严条款，即便他只是以酷刑威胁噶夫根。法庭明显驳回了下面的想法，嫌疑绑架者的尊严可以和被绑架儿童的尊严所主张的权利互相比较衡量。法庭也不接受相关的类比，认为警方权威可以使用致命手段（finaler rettungsschuss）去解救处于生命危险中的第三方。

相类似的问题出现在另一个案例中。这是 2005 年关于宪法法庭的一个案子，在 2006 年 2 月作出了裁决。被 2001 年 9 月发生的恐怖主义灾难所警醒，德国通过了一项名为航
105 空安全法（luftsicherheitsgesetz）的法律。当有压倒性的大量原因确信，一架被劫持的民用航空器将被用来当作武器，造

成进一步的人员损失，这项法律允许空军击落它。然而宪法法庭驳回了这项法律，原因是违宪，尤其是，以“拒绝他们作为主体的性质”，侵犯了被劫飞机上乘客和机组人员的尊严，就此违反了宪法的第1条第1段：

“在这种飞机机组人员和乘客无论如何不能掌控的情况下，他们完全不能逃脱这种国家行动，面对它时无助且毫无抵抗能力，后果是以和飞机一起作为目标的方式被击落，而因此以极大的确定性被杀死。这种对待，忽略了相关人员作为主体的状态，他们具有尊严和不可剥夺的权利。杀死他们作为拯救他人的手段，他们就此被当作物体，同时被剥夺了他们的权利；他们的生命被国家单方面的抛弃，飞机上的 106
人员作为受害者本身就需要被保护，他或她以自身为目的作为人的价值就此被拒斥。”（BVerfGE，115，118）

很明显，这两项判决表明德国法庭的观点是，无论有什么其他紧急需要的存在，尊严阻止了一些特定的行动。然而这些判决引发的问题，在道德上和观念上都是很复杂的。为什么当一个儿童的生命（有确定的理由相信）受到威胁的时候，绑架者的尊严可以让对他进行酷刑的威胁不被允许？为什么要保护飞机乘客的生命（他们在不久之后就会死），代价是让他们的谋杀者完成计划，让那些恐怖分子在地面上用这架飞机瞄准被攻击的人，而使他们失去生命？

2.7　到底有没有恒定的解释

对我来说，有四种可能的方式去理解德国法庭调和这些冲突的实践。当然，这四种可能都面临着极大的困难：

1. 尊严被衡量

道义论的观点是，被一种价值所声张的主张，必须要压过那些低于此价值的价值所声张的主张。但是，当同等类型的主张互相竞争的时候怎么办？我们就不应该用一种来衡量另一种？既然尊严不被用来衡量其他种类的价值，只是用来衡量它自己，你也许还会说尊严是“不可侵犯的”。这显然是最容易得出的结论，然而，因为法庭不停地（而且是充
107 满激情的）拒斥那种认为尊严主张可以被衡量、被平衡的意见。更进一步地说，如果尊严主张确实被互相衡量比较过，那么绑架受害者的主张就不能成功地压过绑架者或者自杀炸弹者的主张，那么多其他的潜在受害者的主张就不能成功的压过机组成员和乘客的主张，而后者总之是要毁灭了的。

另外，如果无论什么情况下都不允许使用强制性暴力，那么没有警察力量能够正常运行，德国也不例外。不过，如果警察用暴力把我摔翻在地，他就侵犯了我身体的自律性，而且，因此（或者至少，这么想象是合理的）侵犯了我的尊严，那这是不是就意味着，他不能为了帮我脱离一名步枪枪手的火力范围而把我摔翻在地？为了救别人的性命，他必须

把我摔翻在地，也不行？这些都看起来是在不同的尊严主张之间进行衡量（在身体性的尊严和挽救生命之间），我们可以说达施纳案例和航空安全法案例也是一样的。至少，看起来绑架者不受酷刑的尊严主张压过了他的受害者生命和安全的尊严主张。同样，我们也可以认为，被劫持的乘客的尊严主张压过了潜在的更多受害者的尊严主张。

如果说在这些例子中尊严确实不该被衡量（而法庭一直在坚持说它们不该），那么我们就需要另外的说法。 108

2. 尽管尊严本身不该被衡量，但是从它身上导出的权利则可以被衡量

基本法认为尊严是权利的基础［德国人民**因此**承认第1条第2段，“不可侵犯，不可剥夺的人权”（unverletzlichen und unveraußerlichen Menschenrechten）］。或许这些权利的不可侵犯性（unverletzlichkeit）和尊严的不可侵犯性（Unantastbarkeit）是不同的，所以后者或许不可以被平衡，而前者可以。

这显然是很多德国律师觉得很好的解释，而且看起来可以很好地契合那种理解，认为尊严是一种给予人类价值的内在核心。如果尊严确实仅仅是这种超越性的核心，那么事实上尊严不可侵犯的思想可以说在定义上为真：非常清晰的是那种意义上的尊严永远不**可能**被侵犯。不管我们对待别人的方式有多恶劣，他们依然可以保留他们内在的价值。我们能做到的，也就只是不按照人的尊严所要求的方式去对

待他。

然而,显然德国法庭不把尊严仅仅视为权利的来源。宪法法庭在对从尊严中提取的一些特殊权利的违反中,通常把对尊严的侵犯本身当作单独的危害。因此,在关于堕胎的判决中,堕胎被认为是同时侵犯胎儿的生命权和它的尊严。而在航空安全法的例子里,法庭拒绝允许击落被劫持客机,不仅仅是因为这样会侵犯乘客和机组人员的生命权,而且也会
109 侵犯他们的尊严。然而,如果有一个和建立在尊严之上的权利并行,或者作为其组成部分的单独的尊严存在,那么平衡的问题又出现了。为什么雅各布·冯·麦兹勒从绑架和谋杀中拯救出来的尊严主张就要被他的绑架者嘎夫根不被酷刑折磨(甚至不能被威胁遭受酷刑)的尊严主张压倒?

这里的思想是,无论法庭怎么说,这里几种尊严的主张之间是在被比较、权衡的。但是也许有人会反驳说,不被绑架和谋杀的权利是从尊严中导出的(无论这种推导是以什么样神秘的方式发生),绑架、谋杀不是直接对尊严的侵犯,但酷刑折磨是。所以否定用酷刑威胁噶夫根,不是用一种尊严主张来压倒另一种尊严主张的例子,而是用尊严主张来压倒由尊严导出的权利。

如果你觉得这样说貌似很有道理,让我用一个荒谬的例子来和你辩论。想象一下,如果弗朗兹—约瑟夫·施特劳斯被绑架了,而且被他的敌人(他可有一大把敌人)当作人质。

假设这个绑架者提出，释放施特劳斯的条件是，他必须被以某种方式羞辱——比如，出版关于他和猪交配的漫画。那么如我们已经所见，对法庭来说，这种漫画的出版就是对尊严的直接侵犯。那么，基于我刚刚写下的论证，如果绑架和扣 110
留人质本身不是对尊严的冒犯，而只是对尊严导出的权利的冒犯，而如果直接的尊严主张本身总是要压倒从尊严导出的权利主张，那么用出版和猪交配漫画的方式来救援施特劳斯，就不应该被允许——你会同意（我希望），这是个荒唐的说法。

所以我们来看第三种可能性。

3. 以有意识的行动直接造成对尊严的侵犯，需要特别严格地加以禁止

理解道义论禁令（以此种道德限制，广义上的善可以被促进）的方式之一是，被某种行动影响的某人（或者某物）拥有一种价值（一种权利，或者尊严自身），这种价值压倒了那些在数量上超过它、但是在同样的种类中低于它的原因。但是另外一种看待道义论的方式是从代理者自己的角度出发。用罗伯特·诺兹克（Nozick Robert）的话来讲，权利就是**边际限制**（side-constraints），也就是说，他们给代理者能够**行动**的方式设立限制。

所以，用这种观点来看，如果你能、你可以（实际上，必须）试着去救某人的命，但是不能通过酷刑折磨的方式去做

这件事。有充分的证据说明,关于行动的理解,这种观点牵扯到相当复杂的难题。用一种严苛的方式来讲,我们必须区别开,哪种是以救人为目的的行动(但是牵扯到酷刑)和哪种是保护某人不受酷刑(但是以生命为代价)的行动。虽然在我们这个例子里,似乎很明显,可能需要牵扯到更多的区别(稍举数例,做和允许做、意图和预见、以某事为目的和以某事为手段、达到某目的的九种手段和被排斥的副作用),
111 很快就会把我们带入更大的烦琐之中。

除了行动的后果,考虑这些行动内在的性质,是康德哲学和天主教伦理共同的基本主题,而它们定然要在德国法庭上扮演意义重大的角色。但是,伦理学语境和法律语境又是完全不同的。在康德主义和天主教教义当中,考虑行动的内在性质,其动机是这样的思想,也就是说,有些手段,即便是为了善的目的而使用,也会败坏个体代理者的正直(道德完整,integrity)——这个代理者被期望以他的行动去回答他的造物主。然而在尊严的法律实践中,焦点更在于给国家和它的代表的行动定好界限,而不是个体代理者能够做什么。很明显,这让整个局面更加复杂。如果在个体行动意图中的目标和它的手段之间划出边界是困难的,那么当代理者是这里主要考虑的对象,又有多少更大的困难会出现?

当然,把重点放在给国家的行动设立界限,既可以理解,也能在历史上找到依据。纳粹帝国的暴行发生在一个使所有私人的利益屈从于国家的集体目的这样的法律框架之下。它的遗产是,我们应该极度敏感于那种危险,允许国家自由地在它的目的和那些个体公民的利益之间进行衡量,即便这些目的没有纳粹主义那么恐怖。从这个角度来讲,国家压倒一切的权力只有在它的实践被绝对的限制和被禁令所约束的时候,操作起来才是安全的。这样,虽然国家有一个综合 112
的义务要维持,但只要它还有这个能力,像雅各布·冯·麦兹勒这样的受害者的尊严被第三方攻击的时候,就有一个绝对的禁令,禁止哪怕是威胁对绑架者施以酷刑。正如该案的法官所言:"当心迈出这第一步!"

然而,重要的是,什么是可以被国家主动地、有意地采取的行动和什么是可以被允许的行动,并不是在每个案子里都一样。有时候,国家(显然)为了保卫第三方的尊严和权利,直接地去侵犯某些尊严。**致命手段**(finaler rettungsschuss,对他人的生命安全产生紧急威胁的,对该人使用致命的手段)牵扯到的是,警察直接结束某人的生命以保护第三方。这在德国法律中是允许的。更有甚者,虽然宪法法庭判决航空安全法违宪,因为它侵犯了机组人员和乘客的尊严,法庭也在它的判决中给自己台阶下,如果某航空器在没有乘客和机组人员在场的情况下,被恐怖分子控制,那么法律允许击落该航空器。

有了这第三个解释,那么第四个解释就可以自我说明了。

4. 剥夺尊严可以被当作惩罚犯罪行为的手段

犯罪行为导致某些特定权利的剥夺,至少暂时的剥夺,这个思想埋藏在所有我知道的法律体系中。执法官员被允许对那些已有犯罪行为的人采取行动,而在其他情况下这些行动未必会被允许,而犯罪者被剥夺了那些在正常情况下被
113 认为是基本性的权利。然而,“有罪的人”和“无辜的人”拥有的尊严程度不同,这直接和认为尊严是所有人类在内的不可剥夺的性质相矛盾。所以,适用于“致命手段”的罪犯和假设性的劫机犯被剥夺的,或许是他们从尊严中导出的生命权利。在这个例子里,我们又回到那种情势,某人被剥夺了生命权,但是他们不被描绘成和猪交配的权利,则被保留。

总而言之,法庭声称它一直把尊严解释成一种人类价值的内在核心,这种价值从来不被妥协,也从来不被权衡,我认为这种说法很难成立。

在上一章里,我给出了构成尊严概念的四条线索。第一种,作为社会阶层和地位的尊严——作为适合于人类的地位或者阶层的尊严,只适合于人类。第二种,尊严是一种内在的价值:根据康德的说法,一种只有人(严格地讲,他们在自身拥有的道德律令)拥有的东西。第三种,尊严是一种自我评判,携带于自身的行为。第四种,有些思想认为,人应该被
114 带着尊严对待——也就是说,被尊重地对待。在这个意义

上,我们应该提醒我们自己,在以满足某种尊严提出的主张的方式(“以守德为尊敬”)来尊重这种尊严,以及尊重那个作为这种尊严肉身体现的人(“尊重作为尊重性”)之间,有关键性的区别。德国法庭的实践说明,如果没能把这些不同的线索区别开,后果有多严重。

正式而言,在德国基本法中使用的尊严观念,其思想动机来自于第二条线索——尊严作为内在的价值。这种尊严的概念被声称是不可侵犯的,是道义性主张的来源。关于堕胎的定案表明,德国法庭把这第二条线索当作基准,以此来建立可争议的最基本人权:生命权。关于尊严的思想被假设来加强对胎儿生命权的主张,并且保护这种权利被看作是尊重胎儿的尊严。没有什么论证来解释人类尊严和生命权之间的联系,不过可能在这个例子里也不需要。说千道万,谁会否认人有生命的权利?而且不管它到底是什么,谁会否认它给予了人类内在的价值?

然而德国法庭经常基于这样的假设来操作,假设侵犯尊严牵扯到的是以某种方式的贬损(degrading,译者注:或译降格、非人化)或者污蔑的对待(比如,把弗朗茨·约瑟夫·施特劳斯描绘成猪)。1970 年,在所谓的“监督性判定”(abhörurteil)中,宪法法庭把这种教条描绘成一种明晰的原则:

“人类经常就是客体——不仅仅是环境的客体、社会发

展的客体，也是法律的客体，只要他们还必须遵守法律，无论
115 他们自己的利益所在是什么。这不足以构成侵犯人类尊严。
在这种情况下，他们还必须被以某种方式对待，这种方式使
他们作为主体的性质产生问题，或者在某种特定的情况下，
这种对待的方式包含着对人类尊严随意的轻蔑。因此，当执
法中的公共权威对待人类的时候，如果它侵犯了人类尊严，
那么其定然是对人类作为人类才具有的价值进行了一种蔑
视性的表达。在此意义上，这定然是'不尊重地对待'。"
（BVerfGE，30，I）

从这种思想，也就是人类尊严作为最内在价值的中央核
心，作为一般性权利主张的基础（尊严意义的第二条线索），
到尊严作为对某种特定贬损性和不尊重对待的禁止（第四
条线索），自然在某种程度上让事情清楚了很多。看起来，
确定什么是贬损性和不尊重的对待，要比确定拥有尊严（作
为人类价值的核心）之后获得什么样的权力，要简单得多。
116 尽管如此，这种意义的转化还是很成问题。在法庭文献里，
尊严被表述成隐藏在基本法那些保护基本人权主张背后的
价值，而与此同时，根据这个教条，它的范围被某种思想限
制，这种思想认为，侵犯尊严牵扯到的就是不尊重的表达。
这两种看法怎么放在一起？宪法法庭的两名成员（冯·施
拉伯亨道夫法官和拉普法官）在"监督性判定"中所作的决
定，让我这里的论点变成了怪论。他们写道，我们一定不能

把对宪法尊严条款的解释，限定在“蔑视性的对待”——那些对人类价值（表现成人格）表现出蔑视的行动。那样的话，基本法尊严条款的力量“就会被缩减成仅仅对重新引入酷刑、木枷和第三帝国的种种方法的禁令。这样的限制扭曲了基本法的概念和精神”。（BVerfGE，30，1）

当然，这不是说尊严作为一种尊重的表达就不重要。但是可以肯定的是，认为所有我们应该向法庭寻求保护以免受国家碾压的基本人权，其标准都要求牵扯到这种不尊重，也是不合理的。“监督性判定”自己就说明了这种危险。法庭要求，对尊严的侵犯的要件是表达出对个人价值的蔑视，这在判决的一部分中被表达出来了，但是在判决中，法庭拒绝说明，那些允许国家监视拦截信件和电话通信的法律算不算侵犯尊严。在这个例子里，虽然法庭宣称，尊严是指导如何为国家权力设限的基本原则，但法庭用尊严限制为原因来拒 117
绝承认，甚至拒绝去考虑入侵公民的私人领域是可能对尊严造成损害的。

确定是否侵犯尊严的要件是，是否出现了贬损的对待方式，这可以在航空安全法的判决中看到。据说，把客机击落下来，乘客和机组成员被当作手段来对待，同时也被“客体化”（verdinglicht）。但是在康德哲学中，人性应当总是被当作目的而不是手段，这个原则并不局限于公开的蔑视性的对待。对康德来说，作出一个根本不打算遵守的承诺，或者把自我的生命投入一种自我放纵的愉悦中去，和酷刑一样，也是把“人性”当作“仅仅是手段”。在英语世界中，对不能拿他人仅仅当作手段这个思想，在康德的阐释者中占主流地位的解读反映了这一点，而且把这个问题变成，以别人不可能同意的方式去对待他人，而非一个不尊重的表达。正如克里斯汀·克斯加德所说：“他人是否同意你行动的方式，可以作为标准来衡量你是否把她仅仅当作手段来对待。”

那么这个原则怎么用在被劫持客机的案例中呢？乘客和机组人员会同意什么做法呢？当然，在那样的情况下，对乘客和机组人员来说，表达同意，或者不同意在实际上都不大可能。但是，如果他们有机会表达自己的意愿，他们估计不大可能会选择被击落，然后和他们的绑架者一起立刻死亡，而不是作为导弹的一部分，瞄准和他们一样的好公民。在这种可怖的尴尬局面中，他们就无法避免被当作手段来使用。国家把他们当作手段，来达成一个目的（保护那些潜在的受害者），即便如此，这个手段之为手段的程度，也不比那些劫机者拿他们当作手段的程度更轻，而这些人的目的更为恐怖。如果，乘客和机组人员的死亡能够挽救其他无辜人员的生命，事实上难道不是就把他们从“仅仅作为手段”的状
118 态下解救出来？联合航空 93 号航班上乘客和劫机者搏斗，夺回飞机的控制权，结果飞机坠毁在野外，而没有让劫机者得逞完成他们邪恶的目标，我们只需要回忆一下这些乘客的

英雄主义,就可以知道乘客很可能会理性地同意,可以被击落。任何一群无辜的人,陷入如此恶劣的境地,他们想要的难道不是一样?但是宪法法庭根本就没有考虑到乘客和机组人员同意的可能,把这种同意当作衡量航空法对错的标准。这种错误或许部分地来自于,用主动的不尊重对待作为认定侵犯尊严的标准,但我认为,更来自德国法律系统的基本倾向,在思考尊严这个问题的时候,给予"同意与否"的权重太小。

2.8 唯意志论

2008 年 5 月,哈佛大学的心理学教授斯蒂文·平克,在《新共和》上发表了一篇文章,《尊严的愚蠢》。平克把他的观点和露丝·麦克林的观点联系起来,并总结道: 119

"问题是,'尊严'是一个易变的、主观的观点,和分配给它的道德要求的重量一点也匹配不上。生物伦理学者露丝·麦克林,再也忍受不了关于尊严的那些似是而非的说法,这些说法严重干扰治疗和研究,她在 2003 年的一篇论文里下了战书,即'尊严是无用的概念'。麦克林的观点是,生物伦理学只要使用个人自律性(personal autonomy)的原则就足够了。这个思想就是,因为所有的人都有至少相同的能力,受苦、发财、思考和选择,但没有人有权力去烦扰他人的生命、身体和自由。这就是为什么,有充分信息的共识可以作为伦理研究和实践的基石，这种共识可以很明晰地把那些生物伦理学在诞生之初的滥用排除在外，比如纳粹德国的蒙格尔那种虐待狂式的伪科学实验、在亚拉巴马塔斯基吉大学那些臭名昭著的梅毒实验中对土著黑人病人的禁止治疗。麦克林认为，一旦你认准了自律性原则，'尊严'就没有增添任何东西。"

简言之，尊严等同于"自律性"，而自律性保护了我们的"生命、身体和自由"。

而天主教的教义显然有所不同。我们已经看到，《真理地宏伟》这样看待这个问题，教皇认为这就是那种"高抬"自由到"绝对"的现代趋势。对于天主教会来说，自律性，在人类为自己选择生活方式的权利这个意义上，和尊严是不一样
120 的，事实上，是一种从属于尊严的价值。所以，以天主教的观点来看，有充分信息的共识，不会像平克说的那样，成为医学伦理的"基石"：尊严可以成为压制个人选择的基础。

当我们思考"带着尊严的死亡"的时候，像平克和麦克林那样，把尊严和自律性等同起来的观点，和天主教伦理观之间的分歧的深度就很明显了。上一章中辨析出的第三条线索中（在席勒和温克尔曼的例子里），尊严和在忍受苦难的时候不失去自我控制的能力是联系在一起的。绝症威胁着人类自我控制的能力，而"带着尊严的死亡"表达的是这样一种主张：自律性给予人类一种权利，这个意义上的尊严

失去之前，他们可以选择把自己从这种状态中解脱出来。天主教徒会同意自由主义者，对待死亡的过程应该**带着尊严**（也就是说，带着恰当的尊重被对待——尊严意义的第四条线索），但是天主教徒会拒绝这种主张——人类的尊严（作为人类内在价值这种意义）让他们可以选择自己去生还是去死。天主教会的教义问答对这一点非常明确，天主教的立场是，人类没有权利来选择结束自己的生命：

“在上帝面前，每个人都对上帝给他的生命负有责任。只有上帝才保留有对生命的最高主权。我们有义务带着感恩接受它，为了上帝的荣耀和我们灵魂的得救去留存它。我们是上帝信托给我们的生命的监管者，而不是拥有者。生命不是我们有权丢弃的。” 121

显然，这种深层的伦理争执牵扯的是对尊严不同的理解，而不是付诸于“尊严”的真正意义（或其无意义）就能解决的。当然我们大可以不同意天主教徒对这个词的用法，但是在它背后至少有足够多的语义宗源，可以让它的意义和自律性大致相等，而指责天主教的这种词义愚蠢是错误的（也不怎么聪明）。

在这个问题上，康德本人倒是强烈地站在天主教这边。前几章我们讨论过，“自律性”对康德来说意味着一种道德律令。在这种律令下，人类是主体，这是自封（self-given）的，而不在于人类拥有按照他们的意愿抛弃他们生命的主权。人类必须把他们自己看作某种价值的携带者,这种价值超越他们对选择的权力的实施,而无论什么情势下,他们自我的这一方面必须被授予荣誉、被尊重。“人格性”(personhood)——“在个人身上的人性”(humanity in one's person)——是一个人对自己的基本责任。“在个人身上的人性”给人可以进行的选择设定了界限——每个人的这种种选择互相都能协调,不影响其他人的自由选择。当代康德倡导者们(尤其是在英语世界)把康德描述成“唯意志论者”——也就是说,他们这么理解康德,认为价值的最终源泉(按照克斯加德的说法)是“那种设定一个目的……并且
122 用理性的手段追求它的权利”。

即便如此,我们可以从下面的引文中看出来,对康德来说,“在我个人身上的人性”先于选择的权利,并且前者压倒后者:

“人格性,或者说在我身上的人性,被认为是一种智性的材质(substance),是所有概念的基座,它把人在他的自由中从所有的客体中区别出来,在他的法权下,他以他可见的天性站立……这样,在人的身上就可以肯定有一种无限的能力来以他的天性行事,仅仅通过他自己,而不通过天性中任何其他的东西。这就是自由,通过它我们可以辨认出自我保存的义务”。(Ak. 27:627 – 628)

康德和天主教一样,认为人类是携带在他们身上的内在

价值的监管者，而不是拥有者。因此，自杀永远是一种犯罪——一个人对自己责任的侵犯：

“一个人确实可以去除他的环境，但不是他的个人，因为他自己是一个目的，而不是一个手段。”（Ak. 27：343）

另外，现代的自由主义者，认定的是这样的原则：人类——至少是成人和有理性的人——有权利去自己决定要过一种什么样的生活，不管是因为他们相信约翰·斯图尔特·密尔的“解放原则”（principle of liberty）（“权力，违背该人的意志，正义地实施于一个文明社区的任一成员，唯一可
以允许的目的就是防止他危害他人”），还是相信人类拥有 123
自己这样的自由派教条。解放原则很明显地从德国基本法对尊严的解释里缺席了，而我认为藏在平克对“尊严”背后的敌意是，他怀疑宗教思想家尝试把“尊严”纳入美国的道德和法律体系，会是为了对简化这个原则打掩护。20 年前，最高法庭对尊严进行了一个司法解释，把尊严和自律性以及解放原则联系到了一起。在西南宾州预备中父母协会诉凯西案（*Planned Parenthood of Southeastern Pa. v. Casey*）中，最高法庭重启了在著名的罗伊诉韦德一案（*Roe v. Wade*）中涉及的堕胎问题，目标是更加周全地申明在该判决背后的原则。法庭以诸位法官的多数意见申明：

“这些事务，牵扯到一个人在其一生中可以作出的最私密、个人的选择，**这个选择的核心是个人的尊严和自律性**，也

是被第十四条修正案保护着的自由(liberty)的核心。**自由的核心是一个人为自己定义存在、意义、宇宙,和人的生命的神秘这些概念的权利**。如果关于这些事务的信条形成于国家的强制,那么它们不可以用来定义人格性(personhood)的性质。"[505 U. S. 833(1992),黑体为作者画的重点。]

更早的时候也有类似的表述。在科恩诉加利福尼亚州
124 一案中,法庭认为第一修正案保证的言论自由来自于,"言论自由的信念在于,没有别的方法可以与个人尊严和选择的基本假设一致,而我们的政治系统以此为基础"[403 U. S 15,24 (1971)]。与此保持一致,在德国宪法法庭对施特劳斯漫画的出版者作出不利判罚大概差不多的时间,在美国有一个非常类似的例子,但判决很是不同。1988 年,最高法庭全体法官一致决定,在《骗子》(*Hustler*)杂志上发表的一则戏仿性广告,即使该广告的目的就是引起不适的情绪,但它还是被第一修正案所保护,这幅漫画画的是新教牧师杰里·法沃尔和他的母亲性交。[法沃尔诉《骗子》杂志有限公司,485 U. S. 46(1988)]简言之,至少到目前为止,尊严在美国的司法实践中被用来保护以不尊重的方式表达自己的权利,而这个权利是个人选择的本质因素,而不是用来保护不尊重言论的受害者,认为他遭受了对自我本质性核心的侵犯。

2.9 结论

从摩尔桑市的例子到现在，我们走过了一段很长的旅
程。我们从一项法国法律开始，在这项法令中，对尊严的保
护变成是保护公共秩序的一部分，需要国家来禁止某些公民
自由选择并且在私下进行的行为。用尊严价值来压倒个人
按照自己的意愿去行动的自由，如果真的是为了保护“人类
个体的尊严”，那么是说得通的，但是在这个案例里，国家在
强迫个体负担有尊严的行为的义务。《德国基本法》中，天 125
主教和康德意义上的尊严是一种本质性价值，是指导国家行
动的核心原则。然而，正如我们所见，这里的问题是，这种本
质性价值怎么发挥功能成为权利的基础——以及它支撑的
究竟是什么权利？对于天主教来说，人类尊严给予生命一种
价值，而这种价值很可能在某些情况下，正义地压过活着的
这些生命的个体所作的个人选择。另外，对于美国的自由主
义者来说，尊严和自律性被等同起来，而自律性在这里的意
义是，个体按照自己的意愿选择生活（或死亡）方式的权利。
更进一步地讲，因为即便是最基本的人权（比如生命权）之
间也是冲突的，那么我们怎么能说尊严是“不可侵犯”的？
看起来，遵循这个教条的困难，变成了德国法庭转向更狭义
的尊严解释的一部分原因，这种解释认为对尊严的侵犯就是
不尊重的表达。这样，康德认为人应该总是被当作目的，永

远不能当作手段的思想,就不再被解释成对道德行为(人类能够对其内容取得共识)的一般性测试,而变成一种规则,只有当某种特定的轻蔑被表达出来的时候,才算是破坏了它。

理解尊严的时候,把关注点放在第四条线索上,就是强调我们对他人行为象征性或者表现性的方面。正确地对待他人,既是我们要做的事情,也是我们怎么做的方式(带着什么样的态度)。我们经常很难把一个行动的这两个方面分开,但是,可以商榷的是,在很多例子中,这样做是很必要
126 的。当然,冒着生命危险把一个要淹死的人救上来,那么就没有什么必要再在我对他的态度方面增加什么表达。我已经冒了生命危险,对于我来说,确认他人性的价值是毫无疑问的。但是,当我们考虑到那些案例,也就是我们认为我们对待他人的方式是正确的,但是这种方式和他们自己希望被对待的方式产生极大的冲突时,这个问题会变得更清楚。比如说,当我们和他们在战争中战斗的时候,或者作为刑法处罚系统的一部分来惩罚他们的时候,我们以某种方式行为是极其重要的,这种方式表达出——对他们或者对其他人——他们被承认拥有被带着尊重对待的权利。我们或许会和我们的敌人战斗(在某些情况下),但我们不应该羞辱他们。我们可以惩罚罪犯,但我们不应当贬损他们。可是什么**算作**羞辱或者贬损性的对待,各个文化之间存在巨大的不同,但

这绝对不构成相对主义的理由:羞辱和贬损是对人的尊严的侵犯,这个思想可以是一个很好的普遍性的主张,即使对它的具体实践如何有非常不同的表达。尽管这种尊严的观念很重要,但和尊严是普遍人权背后的价值核心是不能等同的。确实,“侮辱加身体伤害”是很坏的事,但是我们不能把这侮辱错认作伤害本身。

为了结束本章,我再提一个引人思考的问题。我之前的建议是,我们有一种表达性或者象征性的义务,来承认人类值得尊重,尊严具体体现着某种主张,而这种主张超越那些一般性的、出自他们个人性的内在价值而互相声称的主张。 127
承认人类值得尊重,是对上述思想的一个合理解释。但是我们只是对人有这种义务吗?当我们的敌人还活着的时候,如果酷刑折磨或者贬损他们,我们也是侵犯了尊严。但比如说,我们把他们暴尸野外不下葬,任由动物啃食,是不是也侵犯了尊严?我的意见是,对这个问题的答案绝对是肯定的。但是在那种情况下,我们又对谁负有这个义务?**谁**的尊严被侵犯了?这个问题的答案是下一章的重点。 128

3　对人性的责任

3.1　人道主义（Humanism）

尊重某个人的尊严的要求是，对待他人的时候要“带着尊严”——对待他们的方式中不能有贬损、侮辱，或者表达出轻蔑。但是我们相信，值得被带着尊重对待的不仅仅是人类：根据前定的仪轨，我们被要求处理掉人类的遗体。这些仪轨精确的内容究竟为何有广泛的不同——尸体是要被埋藏？焚烧？或者留在某地被秃鹫吃掉？——但是似乎它们的存在，以及它们的象征性力量，是有普遍性的。上一章结尾的时候，我说过，我认为，那种普遍性的信仰，认为我们有处理死尸的义务，代表着道德哲学上一个深刻的谜题。为什么它是一个谜题，以及这个谜题应该怎么被解决，会是本章讨论的内容。为了开始这个题目，我需要退后一步，问一个关于道德哲学极其普通的问题。

我的初始点是下面的问题。如果一个行为是善，它是不是一定要对某人有好处？显然，对很多人或者应该说大多数人而言，这个问题的答案无疑是“是”。毕竟，如果一个行动对某个人没有好处——自己或者其他什么人——那么他怎么可能有理由去做它？如果我们对这里的“某人”做一个（重要地）限定，那么就应当是“任何道德上有价值的存在者”（至少包括一些种类的动物），那么对于实用主义者来说，肯定的答案是不言自明的。对于实用主义者来说，有关 129
系的事就是愉悦和痛苦，而只有某些特定的存在者才拥有这个能力。所以一个行动，对于愉悦和痛苦，都没有任何正面的影响（无论是即刻直接地还是间接地），那么就不会存在于实用主义道德性的考虑范围了。

我描述的这种立场对应于约瑟夫·拉兹（Joseph Raz）在他的《自由的道德性》（*The Morality of Freedom*）中所谓的“人道主义”。拉兹写道：

“为了把这个讨论简化，我会立刻支持人道主义的原则，也就是主张对任何事是否善或者恶的解释和正义化，最终来自它对人类生活和其质量（切实地，或者可能地）的贡献。”

这是我在前言中谈到的哲学最好的例子。那么跟着拉兹的思路，人道主义原则不需要经过辩论：它是某种为了“简化讨论”而“立刻支持”的立场。当然，如果想要让讨论能进行下去，有些事情确实得当作不用证明的前提条件。至少，从苏格拉底开始，哲学家们就把严格的拷问基本假设当作荣耀，否则这些假设就是不被质疑的。而我的论点是，人
130 道主义是一个相对明晰的例子。（“人道主义”不是个理想的标签，因为它目前被用于表示各种其他的含义，也因为很多实用主义者给人和动物良好处境的权重相等。不过，既然从另外的角度讲，我想讨论的问题就是拉兹描述的，这里我姑且先用这个词。但是请记住，我使用的是这个词很特定的意义，也就是说问题里的受益者很有可能也包括动物。）

实用主义这么明确地站在人道主义这边，关于这个事实，我们并不能假设那些反对实用主义的人会给上面的问题一个不同的答案。如果我们是道义主义者，然后说，不管某种把善最大化的行动能带来多么大量的益处，它并不总是正确的，那么，以最自然的解释来说明，我们就是在说一个人或者很多个体——比如，潜在的酷刑受害者——的利益应该大于其他相关方与之相抵触的好处。用罗纳德·德沃金（Ronald Dworkin）著名的话来说，权利就是王牌。所以，对某人有好处，对于某个行动是否为善（goodness），就是本质性的［或者，对于道义主义者来说，这个善更应该是义（rightness）］。不同之处在于，不同种类的好处之间的区别

是什么样的，以及对不同的人产生的好处怎么互相协调。然而，对于人道主义者来说，不管是实用主义，还是道义主义，都认为我们有义务带着尊严去对待一具尸体，这就明显有问题了，这么做究竟对谁有好处？

3.2 实用主义（Utilitarian）的回应

人们有很强的道德上的理由去做（或者戒除去做）某件看起来和幸福毫无关系的事，这样的例子让实用主义者们经常讲一些社会学或者生物学的故事，这些故事总是依循这样一个逻辑。他们会说："我们按照某种方式去行动的倾向（比如，当想到一具尸体被动物吃掉的时候，会因为恐惧而反胃）是一种没有理性基础的偏见。但是人类并不是完全理性的动物——而且，从幸福的角度来讲，他们不是理性动物可能还不是件坏事。相反，有各种图腾禁忌是一件好事。 131
因对待尸体的方式感到恶心作呕，这在某种程度上说是有价值的，因为这给某种界限一个情感性的基础，而这种界限是社会有兴趣加诸个体的自私和无情之上的。所以，尽管这些思想如此不理性，我们也绝对不应当去除这些偏见——从幸福的角度讲，它们是有价值的。"

对这样的论述，有两种反驳的方式。首先，这种不靠谱人类学的稀松论述——"莫须有"的故事——可以用来说明很多种人类行为，人类的态度一定拥有某种积极的、进化性的基本理性，这是一种极其顽固而且被广泛持有的普通想法，而除了这个，没有什么思想能够用来支持他们。

我们相信，尸体应该被正确地对待，这不过是一个进化出来的、实用性的拜物教，真正让我对这个想法充满疑虑的原因如下：如果这是一个图腾禁忌，那么我们不会认为，这个禁忌我们最好从来就没有过。我可以想象有人会说，“真希望我看见血的时候生理反应不是这么大——要不然的话我
132 可是一块当外科医生的好料”。让我们从这个禁忌中脱身出来会是一件很解放的事，虽然我们可以看得出，如果它依然存在，总体而言会多么有用。但是关于应该带着尊严善待尸体这个信条，我便无法用同样的方式来想象。相反，我会觉得没有这种信条的人很让人不安，甚至会觉得他怪异可怕。当然，这不是这个论证的结束（正如我在前言里提到的那样，如果你特别想为某个哲学立场辩护，你总是能找到办法），但是我先把话头暂且按下，来谈谈我认为是更有趣的、人道主义者可能有的反应。

3.3　外部主义

为了引入这种反应模式，我们必须要问第二个普通的问题。如果一个行动对某人有好处，那么它一定要影响他的觉察（awareness）吗？注意，不是说他们一定要觉察到这个行动对他们有好处**这件事**。而是，作为这个行动的结果，他们

的觉察必须以某种方式被改变（立场性地）吗？如果一个维多利亚时代的慈善利他主义者（philanthropist）种了一棵树，现在受到人们的欣赏，因为这棵树现在野生而静谧，那么他就对我们的生活提供了好处，让我们的生活更加愉快，即便我们不了解这棵树是他种的（我们或许会认为，这棵树在人类文明出现之前就在那儿了）。问题是，是不是在某种意义上**感觉**没什么不一样，情况会更好，或者更差？我说“感觉 133
不一样”的意思，是同时指主动性的，以及潜在的、被动性的。如果我们把某人从攻击中解救出来，但是他们自己可能都不知道会被攻击，那么他们最好还是不要知道，他们的察觉最好被改变，因为假设他们被攻击了，事先知道情况会使他们的感觉差得多。

很多人一开始会认为，某人得到好处和某人的意识中有一些正面的改变（或者防止某种负面改变的发生）之间有联系，这看起来有道理，但实际上不是这样。看一下下面的例子：一个女人有一个不忠的男朋友，她没有觉察到她男朋友不忠，她的感情生活并没有不令人满意，别人对待她的态度也不会有什么改变。尽管如此，如果她觉察到了，她的情况会不会更差？当然，这个问题有强烈的倾向得到肯定的回答。毕竟，这个女人想要的是一个忠实的伴侣，而不是认为她有一个忠实的伴侣。如果（看起来貌似很合理）对她更好的情况是让她的愿望得到满足，你可能会认为，很明显她的情况变差了,因为实际上她的愿望并没有得到满足。她想要的是自己的愿望得到满足——而不是(虚假地)认为它得到满足。因此,她的情况就变差了,尽管她也没有觉察到这一点。让我把这种立场称作“良好状态的外部主义”。我们为什么要带着尊严善待尸体?良好状态的外部主义是一个人道主义者能够对这个谜题给出的答案。带着尊严善待尸体,就是对成为尸体之前的活人有益,即便(当然)这个人自己永远不会知道他们因此而情况更好,因为他们现在已经死了。然而,如果你被这个答案吸引,我这里有一个例子,会让你觉得这个问题还是很令人困惑。

一个在早期阶段的胚胎(如 10 周左右)还不是一个人,
134 因此,至少在某种情况下,流产是可以被接受的。那么现在请考虑一下,已经死去的胚胎应该怎么处理?它们长到多大的时候就应该被正确对待?扔到垃圾筒里?扔进马桶里冲掉?我认定他们也必须被带着尊重对待。这不仅仅是因为胎儿无法觉察到自己被带着尊严对待了,所以得到了益处;在这个例子里(通过假设),在过去将来都不会有人受益。但是我依然强烈地相信胚胎应该得到有尊严的对待。基于这个原因,我认为不该走“人道主义加上良好状态的外部主义”这条路径。那么我们就应该考虑人道主义之外的方法。

3.4　非人事物或许具有内在善

行动为善的原因是它让某人受益,如果这不是真的,那么替代的逻辑看起来应该是:善的行动是善的,因为它被导向善的事物,而这些事物独立于它们和有情者(sentimental being)之间的关系。当然,这种善的事物可能也对有情物是有好处的,但是它们的善并不依赖于这种关系。那么什么样的事物属于此类?熟悉的答案之一是柏拉图主义的:存在一个属于无时间性质的善的理想王国。然而,柏拉图式立场,又把行动的有益效果这个问题扔回我们脸上。这个假设是,在理想王国存在的事物不能被人的行动影响,从这个假设得到的推论是,在我们应该致力于将之带入存在,或者保护它以免毁灭,或者增进其质量的这些意义上,它们也无法成为人行动的目标。根据它的假设,柏拉图式的善,就其存在并
不需要人类。我们能被要求的,最多也就是我们应该知道、 135
热爱、崇敬,甚至(或许是)膜拜这些无时间性的善,让它成为我们自身的榜样。对于柏拉图自己来说,人类作为有知者会原则性地和善联系在一起:如果我们知善,那么我们定然会行止良好,但是我们就此会把我们自己带入某种和善的特定(理性)关系里,而不是把善本身带入存在,或者增进其质量。

然而,相信有一个无时间性的、柏拉图式的国度,以此来反对人道主义,就没有必要了。另外一种反人道主义的看法宣称,存在一些有限的事物,它们也是善的,也脱离于与人类(或者其他有情的、道德上有价值的创造物)的关系而独立

存在，而对于人类来说，创造、保存这些事物是好事。对于持这种观点的人来说，这种独立的好东西，很明显最好的例子是那些美丽的物品。美丽的东西——不管是那些天然的美丽物品，还是由人的活动而创造出的物品——对于人类是有价值的。但是它们有价值（或者被论述为有价值）的原因是人类能够感知到它们内在的价值，而不是人类通过某种方式赋予了它们价值。既然它们的价值是内在的，那么它们的存在就是善的，它们也应该继续这么存在，因此它们能够独立于任何和人的关系，而这些人可能会（或者，可能不会）辨认
136 出这个价值。

G. E. 摩尔（G. E. Moore）在他的《伦理学原理》（Principia Ethica）中阐述了这个逻辑。他在一个著名的段落里，考量了两个不同世界的可能性：

“让我们想象一个极其美丽的世界。尽你的全力把它想象的美丽无比，把这个地球上你最崇敬的事物都放进来——山、河、海、树，以及日落、星辰和月亮。想象这些事物都以最精美的比例组合在一起，这样没有一样事物妨碍另一样，而每一样都为了整体的美贡献出自身。然后构想一个你能构思得到的最丑陋的世界。想象它就是一堆污物，里面包含着不管什么原因最让我们感到恶心的一切东西，然后尽可能地想象，这个整体没有一个可以值得救赎的特征……唯一在这里我们不可以想象的是，任何人曾经，或者以任何可能

性，**能够**生活在这两个世界，可以目睹以及享受前一个的美，可以痛恨另一个的丑恶。当然，即便如此，假设它们远离任何来自人类可能的观照，那么，是不是那个美丽的世界比那个丑陋的世界更应该存在的观点，是不理性的？在任何情况下，我们去创立第一个世界，而不是第二个，这样难道不好？当然，我没办法不认为答案是肯定的。而且我也希望在这个极端的例子中，会有人能同意我。” 137

让我按照摩尔的精神，来想象一下宇宙中生命的结束（假设没有什么神圣的存在来感知这件事）。即便在那个了无生气的、无知觉的世界（在这一点上我们必须要这样假设），西斯庭教堂的天顶（比如说）留存下来，也比它和最后一个有情者一起塌毁成一片尘土要好。即使不再有眼睛能够去欣赏它的色彩，而对于最后一个有情者来说，在她最后的日子里，保存它也是一件值得去担当的事业。我确定，你可以看出来，我不觉得这个假设有多少合理性，不过即便你比我觉得它更有感染力，我十分怀疑可以用它来解决我一开始提出的谜题。如果宇宙里最后一个有情者，带着尊严善意地对待倒数第二个有情者的尸体，这又能制造什么善事，并且让它继续存在下去呢？

3.5 责任

带着尊严对待亡者，这是我们的义务，我认为这个谜题非常艰深且困难，我之前列举的种种立场，对我来说都不足够提供合理的解决方法。那么是不是还有什么被遗漏的替代方法？确实，我认为还有——但是这种立场目前是如此的不受欢迎，以至于我想不出有任何的道德哲学家在替它辩护。但是我也不得不说，我越考虑这个立场，越觉得它有道
138 理。这一章剩下的部分，我会试着来说服你同意我的意见。

我在前一章中已经谈到，拉尔斯之后的当代哲学家标准地分为两个阵营，目的论派和道义论派，依据是，是否把权利解释成一件将善最大化的事务。以范型而论，强调权利的理论基本上是道义论理论（在这种观点下，拥有权利恰恰意味着，有些时候就是有权去做某事——这件事尊重题目中的权利——即便去做这件事并不最大化善）。而实用主义是目的论的基本范型。权利（如果它们是被正式“主张的权利”，而不仅仅是许可）给其他人加上了责任，那么从人道主义的立场来看，如果我们有责任，那么这些责任一定对某些有价值的存在者给予道德上的益处。用这个方法看问题，强调权利的理论和实用主义一样，在之前定义过的那种意义上，是人道主义的。

但是从词源上来讲，“道义论”本来就是一个关于责任的教义，而且事实上，强调责任的诸理论和强调权利的诸理论之间存在“分水岭”。没有相应受益者的话，我们能有什么责任？欧娜拉·欧尼尔论述说，这种没有权利的责任是存

在的。她的例子是进行慈善的责任,她说,即便可能没有特定的个体有权利来从慈善中得益,慈善成为一个责任依然是很合理的。然而,很明显,欧尼尔的例子还是在人道主义的轨道里运行:慈善的责任有受益者,即便这个责任没有被当作一种权利**授予**受益者。那么我这里提出的立场要激进得多:我们有带着尊严善待尸体的责任,原因是,我们具有责任的行动方式之一,是我们应该在进行这些行动的时候表达出我们的尊重。这个责任不是我们欠任何特定的存在者的,也 139
不是欠那些我们进行了这些行动就能受益的代理者的,甚至都不是欠作为一个整体的人性(被当作一个集体性的受益者)的。为了探索这种以责任为重点的探讨道德的方法,让我们把它应用到我们早先提出的问题中。

我在这里公开支持的,以责任为基础的道德方法,不是承诺给人道主义的。因此,我们可能会负有一个责任,但我们具有这个责任的方式不是说,它会让任何一个内在有价值的存在者受益——甚至不是我们自己[这就是以责任为基础的理论和现在流行的、被称作“美德伦理”(virtue ethics)的道德论方法之间的区别。对于“美德伦理”就我所能理解的,行为良好有益于有美德的代理者,是因为这是一个美好生活的一部分——而这里的“美好生活”不是在愉悦的意义上被理解为“好”,而是在一种更精练的、新亚里士多德式的方式上被理解为好,也就是说,能够促进这个代理者的“福祉”(eudaimonia),能促进她的“茁壮成长”。所以美德伦理是一种类型的人道主义,对于什么是人类的良好状态有一种夸大了的理解]。所以,对于在行动和该行动使其受益的存在者的觉察之间,是不是一定要有联系,一个以责任为基础的理论对这个问题保持不可知论的态度。最后,以责任为基础的理论家不需要一定相信,通过完成他或者她的责任,一个代理者就把某种事物带入存在且留存了它,或者使某种存在具有内在的价值的事物,独立于它和人类的关系(虽然,
140 我们将会讨论到,康德恰恰相信这一点)。

责任的观念应该是首要的,这种思想在当代道德哲学里基本上不怎么被考虑,我假设是因为,就算是没有道德意义上的受益方,责任依然是有力量的,这种想法对当代的道德哲学家来说太怪了,没办法去认真对待。在所谓的“代理相关理性”(agent-relative reason)的文献中可以找到类似的想法,这种思想认为某些行动(或者某些被禁止的行动),因为代理者的身份,对于代理者来说就是义务。最经常举出的例子,就是父母有特别的责任,要照顾他们的孩子。但是这里的思想是,特定个体有特定的义务去做某件事,让某种道德上有价值的存在者受益,虽然这种义务不是从任何一般的原则中导出的。换句话说,按照我的命名,这种思想还是在“人道主义”的框架里。对这个问题,我的意见则不同,它更激进(我们对尸体负有责任,虽然无人受益),也更具一般性

(只要我们是人类,那么这个义务就是人人拥有的。这个责任不限定于特定社会关系)。

我们带着尊严对待亡人的责任,关于这个问题,我毫不犹豫地指出了什么在阻碍着解决这个问题的替代性方法。那么对于以责任为基础的方法,我要做同样的事情才算公平。当然这很奇怪。我难道不是在说,我们有按照表现出尊重的方式去做事的责任?但是我们这个尊重应该是冲谁的?很确定,“表现”是一个沟通性的行动。宇宙中最后一个有情者有没有这个责任呢?即使已经不再有人能听到她的声
音?我的答案是,“有”,你可能会觉得很奇怪。甚者,我有 141
责任表达这个态度,不仅仅对那些范型意义上体现了人性价值的存在者——活着的人类——使用此种方法,也对那些不体现这种价值的事物使用此种方法:比如胎儿或者尸体。这样说来,以责任为基础的道德哲学听起来就是一个伦理学的例子,这种伦理学,正如尼采所言,遮拦在上帝的阴影之下,对于那些正式宣布不信上帝的人来说也一样。尼采断言,这样的道德哲学仍然用这样的方式思考和行动,只有其同意存在一个全知的、在判断着的上帝这样一个假设,这种道德哲学才有意义。如果上帝不是在那里倾听,那么我们为什么要表现我们的尊重?我认为责任理论家没有对此有进一步的回复:他或者她定然仅仅就是被这样一个信条所吸引:无论如何,表达尊重就是一项责任,即便没有他人见证。

3.6 康德

说到这一点，我想要迂回一下，最后一次回到对康德道德哲学的解释。我这么做有两个理由：第一，从刚才引出的问题这个角度去看康德哲学，我希望我们应该能够更好地理解他的思想中关于人的尊严的一些最典型（对现代自由主义者来说，最无鼓励性）的特征；第二，我们可以运用康德来阐明我在这里鼓吹的、以责任为基础的伦理学方法的结构。

我一直以拉兹式的意义来使用人道主义这个词，而在这个意义上，康德不是人道主义者。很多他认为人类有义务负担的责任，被满足以后也不会让任何人受益——在另外有些
142 情况下，如果这些责任完成了，那也不是因为它们有益于它们负有责任的对象。我们的责任也不来源于其他道德上有意义的存在者的权利。确实，康德相信，我们最基本的责任（令人惊讶，包括，讲真话的责任）是我们对自己的责任。用这一章使用的术语体系来讲，康德确乎是一个柏拉图主义者。也就是说，他认为那些具有内在善的事物，是无时间性的，而正确的行动不是试图把这种无时间性的、有价值的事物带入存在，或者保卫它使之免于毁灭（这两者都不可能，而且没必要），而是能调适趋近于这种无时间性。然而，对于康德来说（和柏拉图不同），具有内在善的事物不是独立于人类而存在的——相反，它们是作为人类内在的、超越性

的核心而存在的。

对于柏拉图来说,面对内在善的事物,正确的立场是一种认知式的立场——我们应该努力去知道它。说到底,正确的行动本身是一种知识的表达。对于康德来说,对待具有内在善的事物的方式,是必须尊重它们具有内在善的事实,这个内在善就是尊严。我在这里使用"尊重"的意思并不是"以守德为尊重"(我们以尊重限速的方式尊重善的事物),而是我们应当使用一种**尊重的态度**对待它们,同时以一种能表达出这种尊重态度的方式来行动。康德的伦理学是一种责任伦理学,但同时也能被称作一种尊敬性的伦理学,一种关于荣誉的伦理学,甚至是一种关于崇敬的伦理学。它的指 143
导思想是,我们行动的方式,应该是带着尊重的,又是值得被尊重的。

那么对康德来说,什么是这种具有内在性价值的、无时间性的客体呢?在《基础》中,康德清楚地给出了这个答案:"道德性,以及能够担负这种道德性的人性,是唯一具有尊严的。"(Ak. 4:435)康德说,道德性具有尊严——不是因为它带出了某种善的事物,而是因为尊严自身。我们要么追随道德性,要么不追随它,但是道德性本身不是我们能够带入到存在,或者能够毁灭的事物。我们可以很自然地认为,康德说人性具有尊严,他的意思是说道德生活的目标应该是以能够有益于人类的方式行事。但是这个解释实际上是错的。

康德说得很清楚，他的观点是，道德性的价值不是从它对人性的贡献中来的；人性有价值是因为它有能力具备道德性。在《实践理性批判》最广为传颂的一个段落中，康德问道，什么是责任的来源[“（责任）是崇高而有力的名字……来自价值不可去除、不可替代的条件，而这价值唯有人类可以给予他们自身”；Ak. 5:86]。他的答案是，人类内在的价值来自于道德责任，把人类和“事物的秩序”联系起来，而“能理解者才能思考（这个秩序）”：

“（责任的起源）不来自其他，就来自**人格性**[personhood（persönlichkeit）]，也就是说，它是自由并独立于自然的机制，不管怎样也被看作一种遵从于某些特定律令的能力——这些特定律令就是主体用理性给它自己的、纯粹的实践性律
144 令，这样一个属于感性世界的人就遵从于他自己的人格性，只要他也属于智性的世界；那么就不需疑问，作为同时属于两个世界的人类，就必须带着崇敬对待第二种也就是更高的天职、带着最高的尊重对待这天职的律令，并以之为参照，来认定他自己的天性。”（Ak. 5:586 - 87，作者注：本书英文翻译对原文有改动）

康德此处所指的“事物的秩序”，当然指的是他著名的“本体界”（noumenal realm），在这个“智性的世界”（intelligible world）中，我们能够被理解为自由的存在者。给康德贴上“柏拉图主义者”的标签强调的是康德伦理学思想中这最形

而上的一方面，而大多数当代的康德仰慕者都试图缩减这个影响，或者是在它周围兜圈子。但是，也许这种对比在实践中其实没有我选择的标签背后的潜台词那么戏剧化。在很多人，包括克里斯汀·克斯加德的写作里，我们看到对康德"唯意志论"的解读是，理性代理力是价值的来源。而我这里所谓的、康德的"柏拉图主义"解释，也把有内在价值的和理性的意志等同起来。按照这种理解，如果宇宙中没有理性的代理者，那么就不存在具有内在的价值的任何事情。所以，你可能就会认为，除了修辞的成分，这两种阐释康德的方法之间的区别其实也没有那么大。

那么最后真正重要的是，我们怎么从把"尊严"理解成一种作为无条件的、内在的价值的人类道德象征，转换到另
一种我们应该有的理解。而且对我来说，确实有一种具有深 145
刻不同的解释。唯意志论式的康德解读主张的是，康德认为，人类的意志产生价值，前提条件是这个意愿是理性的。当然，问题是，确定"理性的"是什么意思。这是一个以行动（在文字意义上更清楚地说的话，以行动背后的箴言）测试矛盾性的问题。如果这些箴言被普遍化，会是什么结果？多年以来，根据这条线索，有成百上千种对康德理论的阐释出现，每一种都有自己特定的长处，每一种都有自己特定的短处。但是对我来说它们面临的共同问题是，很难确定到底有多少种康德主张要禁止或者法律性强制的行动，如果普遍化

(或者普遍忽略)以后会真正地导致矛盾性。这对康德描述为"对自我的责任"的那种情况尤其成立。这里举一个康德自己提出的例子,说人可以选择结束自己的生命,但如果他们已经达到这样一种状态,他们的苦难让他们已经不能实施例行的自我控制,这中间的矛盾性在哪里?

如果克斯加德把偏爱的普遍性测试方法,延伸到康德关于自杀是对责任最根本性的抹杀这个观点,那么她对这么做的困难具有很令人敬佩的坦率。根据克斯加德,普遍性测试问的是,如果抱着相同动机和目标的人,以某种被提议的方式行动,他们会得到一致达成的那个目标。但是,她承认,简单讲就是没有什么论证能证明每个经受尖锐苦难的人都不能去自杀,然后仍然能够达成他们的目的:结束他们的悲惨
146 命运。因为这个例子和康德理论关心的基本问题,还是有些距离的,所以,根据克斯加德的说法,康德主义面对的困难并不让人惊讶:

"围绕着这个例子所构建出来的观点,以及这种观点能够最好地处理的问题,就是那种把自己当成例外的诱惑:自私、奸坏、占便宜、毫不在意他人的权利。就是这种事情,而不是由绝望和病痛中生出的暴力犯罪,成为康德所谓不朽行迹(immortal conduct)的模型。我认为我们无法就这一点指责他错误,因为这些邪恶,而非别的种类,确实就是大多数人在日常生活中最容易受诱惑而犯的。"

我能理解为什么克斯加德用这种方式阅读康德，但我的意见却刚好相反。我认为，在康德的理论中，禁止自杀这样的例子绝不是边缘性的，而是处于核心位置。康德的道德哲学不仅仅是导向“我们互相欠对方什么”，更重要的是我们欠自己什么。所以，理解康德的出发点不是去问什么样的箴言可以被普遍化而不造成矛盾，更好的位置是，首先去问，我们必须如何去做，才能以恰当的尊重来对待我们的尊严（我们内在价值中的核心）。

康德本人在《道德形而上学》和《伦理学讲义》中明确强调了人的自我责任的首要地位： 147

“这些责任远不是最低的，他们实际上占据了第一位，而且是所有责任中最重要的；因为即使没有首先解释过什么是对待自我的责任，我们也该问问自己，如果一个人贬低自己，那么还有什么事可以指望他？”（Ak. 27：341；道德哲学：柯林斯）

对待自我的责任给我们的自由设定了界限，我们按照能够荣耀我们的人性的方式去行动，而这些界限从这种行动的需要中流出：

“对待自我的责任的**基准**（principium）不在于自我优待，而在于自我尊敬；也就是说，我们的行动必须保持我们人性的宝贵之处……所有这些责任都建立在某种爱的基础之上，构成这种爱的事实是一个人认为他自己有价值，在他自己的眼中，他保持人性的行动并不是没有价值的。在他自己眼中成为一个值得来自内里的尊重的人、一种赞许的珍重，是人对自己责任最本质的部分。”

更有意义的是，康德在此处的用词并没有集中在对意志的普遍性和一致性的要求上——这是如今康德道德哲学被指认的理性（rationality）装备（apparatus）——而是强调了尊重、自尊和“对荣誉的爱”。如果没能给我们每个人都具备
148 的内在的价值荣耀，那么我们就不配得到尊重。我们未必一定要把人性的尊严带入存在，或者阻止它被毁灭，但我们**一定**要找到能够为它表达自尊的行动方式。如果我们以某种方式行动，这种方式表达了我们自己携带于自身内在价值的尊重，我们就被赋予了尊重的权利：我们自己的自我尊重和我们对他人的尊重。

因此，自杀对于康德来说的确是一个非常重要的议题，而不是处在他思想中外围的边角料。他说，自杀是“对自我责任最高级的侵犯”（Ak. 27：432；道德哲学：柯林斯）。但如果不是这个箴言背后的普遍化缺乏一致性，那么康德反对它的理由是什么？允许自杀的辩护者通常使用下面两个原则之一（或者有可能，两者都使用），而这两个原则康德都反对。第一，他可能会说，如果有足够强烈的意愿，人们有结束自己生命的权利，原因是他们自己的“自我所有权”。[《到底是谁的命？》（Whose Life Is It Anyway?）此处回应以被崇

拜的、关于安乐死的剧本的题目］而康德（像天主教会一样）强烈地反对这一点。他说“我们个人身上的人性”阻止我们以拥有一件物质性客体的方式拥有我们自己，与此类似，他禁止我们按使用物体的方式使用我们的身体：

“他确实是它的业主（proprietarius）；也就是说，他统治它，但是是以统治人的方式，也就是说，如果他能像处理一件东西那样处理它，在这个范围上，被本体所约束的现象（phenomenon）显现出来。”（Ak 27：593；道德哲学：斐奇朗西）

第二，许可自杀的辩护者或许会被自杀的可能性减轻了
人类的苦难这个思想所吸引。康德也驳斥这个观点。这个 149
论述是，某人通过自杀，可以逃脱苦难，但这个论述把我们对（我们个人身上）的人性的责任缩减到仅仅是有关“倾向”或者“谨慎”［prudence（klugheit）］这样的事，但实际上这需要我们以某种方式行动，通过这种行动我们能给责任以荣耀。他承认，某人侵犯了对自己的责任，“这不会有害于什么人”，“然而这损害了某人个人身上人性的价值”：

“对待自我的责任……独立于所有的好处，只和作为人的价值有关。它们依赖的事实是，考虑到我们个人，我们没有不受限制的自由，我们个人身上的人性必须被高度地尊重，因为如果没有它，人就变成了被轻蔑的对象，那这是一个绝对的错误，因为他不仅仅在他人的眼里，包括在他自己的

眼里,他都是毫无价值的。对待自我的责任是所有道德性最高级的条件和基准,因为一个人的价值就包括他的道德价值。”(Ak. 27:343;道德形而上学:柯林斯)

在这一段,以及其他相似的段落中,我们非常明显地能看到康德并不是一个人道主义者。我们是一个超越性价值——在我们个人身上的人性——的肉身化,而这就要求我们以尊重那个价值的方式行动,即使我们这样做对我们自己,对他人都没有好处。自杀这种行动,“和我自己个人身上的人性权利的概念相矛盾;而人性本身是一个不可被侵犯的神圣性,它处于我的人格性[personhood(persönlichkeit)]
150 之内,或者处于我个人身上的人性权利之内,一样不可被侵犯”。(Ak. 27:627;道德哲学:斐奇朗西)故此,我们就不该处理掉我们自己的生命,不管存在多么强烈的生理和心理原因让我们渴望这么做。

然而,克斯加德替康德提出了另外一种论述:

“不管看起来有多显而易见,一个‘可容忍的条件’是一件好事,但是它是好事的原因,只是因为一个理性存在者用选择赋予它的价值。如果毁灭了这个理性存在者,那么你就切断了这个目的的善的源流——它就根本不再是目的了,去追求这个目的也就不再是理性的了。”

这个论述中的弱点,揭示了一个康德的唯意志论解释中出现的一个基准性问题。诚如克斯加德所言,价值真的是被

“理性存在的选择”所赋予的，那么那个做了选择的存在者自己的价值呢？那个价值从哪里来？要么，一个理性存在者定然拥有价值，因为它自己的选择（这看起来是个同义循环），要么，至少有一件事的价值，不来自理性存在者的选择。把这种解读康德的方式，和我在前文中发展的解读康德的方式相比较。在这个问题上，我的观点是，理性代理者的选择具有价值（当它们有价值的时候——因为并不总是这种情况）是因为理性的代理者他们自身就具有价值。他们的价值不是从他们的选择中得来的。那么，如果克斯加德是对的，对于康德来说，自杀中的矛盾是，一个人结束自己生命的时候，他是在毁灭某个“理性的存在者”，而这个理性的存 151
在者正是某些特定目的的善的来源。然而我认为我们可以很明确地从康德的文本中得出结论，这不是他的本意。对于康德来说，那些有内在的、绝对的价值的事，不是我们的生命，而是我们的人格性——“我们个人身上的人性”——而我们的生命和我们的人格性不是一件事（尽管这个说法对今天的我们来说，听起来有多么奇怪）。鉴于这个原因，正如康德在他的《伦理学讲义》中明言的那样：“在它自身之内，又为了它自身，生命并不至于被高声褒奖，而只有当我值得活的时候，我才应该努力去保存我的生命。”（Ak. 27:341；道德哲学：柯林斯）在某些情况下，事实上，以“我们个人身上的人性”为因的荣誉，要求我们放弃自己的生命：

“我们个人身上的人性是需要最高尊敬的客体，永远不能在我们内部被侵犯。一个人有败坏名誉的倾向，这种情况下，他就有义务放弃他的生命，而不是侮辱他个人身上的人性。如果他自己荣耀了它，但是他人让他身上的人性失去荣誉，怎么办？如果一个人只有通过让自己身上的人性失去荣誉的方式才能保留自己的生命，那么他就应该牺牲它。确实，这样他就把生物性的生命置于险境，然而只要他活过，那么他就能感到他荣誉地生活过。活得长久并不是重点（因为通过这个事件他失去的不是他的生命，而只是他生命中被延长的那些年头，既然自然已经严酷地规定有一天他必须
152 死）；真正重要的是，只要他活着，他就该有荣誉地活着，而不是让人性的尊严失去荣誉。如果他不能再按照那种方式生活，那么他也就无法再活。他的道德生命因此也就到了尽头。如果道德生活不再和人性的尊严一致，那么道德生活就到了尽头。”（Ak. 27：377，道德哲学：柯林斯）

既然对康德来说，一个人不能和他的物理存在等同起来，自杀的错误之处就并不是，通过结束我们的生命我们就“摧毁了理性的存在者”。它被禁止的原因更在于，它是不荣誉的：也就是说，它不能给予我们个人身上的人性以荣誉。

总而言之，康德道德观的基本起始点是我们在我们自身携带着一些具有“无条件的、不可比拟的”价值的事——“人格性”或者是“人性的尊严”。虽然这个价值必须被当作一

种"目的"而不是手段来对待，它无法由人的行动来增进，或者担负一种目标的功能，以便让我们去实现。既然它和我们的"动物性生命"不是相同的东西，也不是我们能保护于物理性毁灭的事——相反，它可能会要求我们牺牲我们的生命。那么人性的尊严可以成为我们行为的指导，只不过没有那么直接。它需要我们行为的方式可以"荣耀"或者"尊重"我们个人身上的人性。康德告诉我们，虽然"我们身上的人性"自己本身不是可以追求或者促进的目的，尊重它就要求我们去追寻某种目的——"我们自身的完满，以及他人的幸福"(Ak. 6:385，道德哲学)——以及去跟随某些特定的目标(据称是自然的，而不是"非自然地"使用我们的性力量，这里有一个臭名昭著的例子——Ak. 6:424 – 426；道德形而上学)。当然，我们也被要求按照这样的原则行动，这些原则 153
可以被普遍性地改编使用，这些原则当然一定要禁止"自私、奸坏、占便宜、不考虑他人的权利"。但是在这一点上我不同意克斯加德的观点，就是说这种寻找自我的行为准则正是"康德的不朽行迹的模范"。相反，这种责任应该放在康德的其他更基本性的语境中去理解。

我在这里列举出我对康德的解释的时候，你很可能就会有一些想法了。假设说你认为(我希望)这种解释令人信服，因为它是理解原文本的一种方式。但是通过这种解释，我给康德学说带来什么好处了吗(或者我给你带来什么教益了吗，如果你对康德式道德哲学报以同情）？比如，我论证过，对于康德来说，人性的尊严是和我们作为本体（智性）界的一元这个事实有联系，因为我们会把自己看作某种无时间性的、内在价值的肉身化。我们的行动应该彰显那个价值，从这个需要出发，康德意图要得出一些实践性的结论。让人不安的，不仅仅是这些结论和我们现在大多数人（包括我自己）认可的道德要求脱节（这些事情，不仅仅是撒谎和自杀被禁止——还包括同性恋和手淫，等等）。对于那些对康德哲学持同情态度的人来说，更让人担忧的事实是，实践康德道德哲学的结果看起来比通常对它的现象的理解要不
154 清楚得多。如果标准很简单，就是我们应该以某种方式行动，这种方式应该“尊重”或者“荣耀”一种根本性价值，那么我们怎么来理性地为某种具体的主张辩护，或者反对？我的解释是，康德哲学里没有清晰的测试或者一系列标准，能从根本性标准走到合适的行动——这种行动能和实用主义简单的箴言性原则相竞争。

康德的伦理学，以本章中使用的意义来看，不是人道主义的，因为坚守我们的责任并不有益于这责任指向的、那无时间性的、有价值的事物（当然，它可能会有益于这责任的对象肉身化的那些个人）。康德把这种责任的存在，与他最具野心的形而上学主张联系起来——人类，因为具有自由行动的能力，是超越了只看表象的经验世界的“智性界”的成

员。所以一点都不奇怪,康德今天的世俗崇拜者们会压低这一点,让解释它的方式在哲学上没那么令人警惕。

十八、十九世纪,道德哲学领域发生了一场伟大的革命。哲学家发展出复杂精密的、并不依赖于创始者——上帝的道德体系,后者要么直接地主张上帝的意志,要么间接地,求诸上帝的创造中显现(据称)的目的。这不是说,这些新体系的推动者都不是信仰者,而是说他们的目标是把道德和宗教分离开。显然,领先的方法之一流传到了今天,即实用主义。
而普遍认为,康德主义是另一种。当然,康德让道德性独立 155
于上帝信仰,或者一种神学的自然观,然而,继续我们在这里给出的解释,康德的道德哲学强调人性"不可侵犯的神圣性",以及尊重我们个人身上的人性的首要性[康德哲学的术语 achtung 通常被翻译为"尊重"(respect),但实际上更好的译法恐怕可以翻译成"崇敬"(reverence)],这种特征让康德哲学远不是一种世俗哲学。

3.7 非柏拉图主义的责任

对于宗教信仰者来说,我们要崇敬上帝,扩而大之,崇敬那些我们认为体现了上帝意志的事物。然而,如果上帝缺席的话,那还有没有留给崇敬一点点的位置呢?更别说让它占据世俗道德体系的中心了。我的主张是,我们可以以理性来相信我们有基本的责任,来尊重人性中的尊严,而不用同时接受人道主义（任何事为善的原因是它有益于人类），或者柏拉图主义（永恒的有价值的事物存在，我们必须以尊重乃至崇敬的方式对待它）。这就是我对本章开始的谜题提出的解决方法。

如果我们相信宗教性的原因，据此认为人类具有尊严，概因人类是按照上帝的形象被创造的，或者如果我们相信人类占据一个本体自由的领域，那么就会有一种客观的价值，作为我们尊重的标的，这种价值让人类区别于动物和物质客
156 体，让人类的主张获得正当性。但是我们一定要诉诸这样一个客观的特征，才能认为我们有尊重人性的责任是有道理的吗？我们可能对非人的物体——尸体或者胎儿，比方说——也有这样的责任，它们也无法从我们对它们的尊重中受益，这对我来说是很有说服力的，即便我们不按照康德的超越性术语来理解“人性”。这种责任原则上讲是象征性的：它们要求我们以某种**表达**出尊重的方式行事。当别人没有觉察到这种表达的时候，我们也必须要求自己表达出这种尊重，这种想法也不会让我泄气。我们尊重人性的尊严的责任，本质上是一种对我们自己的责任——在这一点上我同意康德。我的意思不是说我们遵守我们的责任，所以我们受益，而是我们的责任是我们自身如此深刻的一部分，所以我们无法成为那种没有这种责任的人。如果我们无法尊重他人的人性，我们实际上是颠覆了我们自己身上的人性。

在反对道德人道主义中明显的常识这个方面，我的观点和康德有很多共同之处，但在其他方面和他则相去甚远。被带着尊重对待某人的人性，这个意义上的尊严并不是康德在使用术语中所强调的人权的根本性基准。我认为，在它们自身的意义上来讲，受难就是恶、爱就是善，而不像是康德主义认为的那样，它们为善为恶是因为它们和物的关系。也不是 157
所有的对基本人权的象征性侵犯都有害于尊严，即便这种对尊严的侵犯有多么令人震惊（想想阿布格莱布监狱丑闻中令人蒙羞的照片）。当你用酷刑折磨我，你羞辱了我、贬损了我，但是危害不仅仅是这个：你造成我极度的疼痛，剥夺了我有效的自我控制的能力。这么做是不能被允许的，侵犯了基本人权，不管你做这件事的时候有没有显示出轻蔑的表情。纳粹对犹太人所做得最恶劣的事情，并不是把他们像赶牲口一样赶上火车，强迫他们生活在不可想象的恶劣条件下，而是谋杀他们。

然而，这并不意味着伤害尊严就是不重要的。相反，正如乔纳森·格洛弗（Jonathan Glover）在他精彩的著作《人性：20世纪的道德史》（Humanity：A Moral History of the Twentieth Century）中记录的那样，20 世纪很多最暴力、最具破坏力的行动的特征之一是对受害者的羞辱和象征性的贬损。看起来这是人性中深深埋藏的一面，如果人能够公开地表达他们对他们的受害者人性的否认，那么人在互相做那些最恐怖的事的时候，就容易得多。格洛弗指出的一个事实是，酷刑实施者经常会使用那些所谓的“冷酷笑话”（cold jokes）——比如，使用讽刺性的冒犯性的绰号来称呼他们犯罪的工具和环境（想想“铁处女”和“尿布屋”）。这当然和奥威尔联系起来。如果幽默是“尊严坐在图钉上”，那么冷酷笑话是象征
158 性地摧毁尊严的一个强大而有力的办法。而这种对尊严的拒斥为通向邪恶的心理道路扫清了道路。有一道屏障，把现代自由民主的物质世界和使20世纪面目全非的残暴与野蛮隔离开来（而且有种种迹象表明这种残暴和野蛮还会在21世纪继续），如果你像我一样，感觉到这屏障非常非常的脆弱，你就有更多的理由去关注对尊严的损害。

对尊严的损害还有物质性的特征。侵犯人类尊严的关键方法之一是，阻止人类以有尊严的方式行事。当然，被以剥夺尊严的方式对待的个体——比如，被禁止洗浴或者使用如厕设备的囚徒——无论如何，可以在席勒的意义上显露出巨大的尊严，方式是在如此贬损的环境中保留理性和自我决定的力量。尽管如此，这种联系还在：贬损性对待的一部分重点，不仅仅是表达轻蔑，更在于用这种方法摧毁受害者保持尊严的能力。如果这种方式失败了，没能达到它的目标，则说明受害者具备非凡的自我控制程度，因此，具备非凡的尊严。

自然，在不同的文化和语境中，什么是对人类的轻蔑的

表达,各不相同,但总有一些让人吃惊的共同主题。只要有(或曾有)标定好的社会地位的分界,典型的剥夺人的尊严的方式就是,把极低的社会地位的属性(表达性或象征性地)强加于受害者——这样他们则**在字面意义**上,被贬损、降格(degraded)。另一个特征性的划分是,人类尊严被某种行为所表达,而这种行为造成人和动物之间的区别(如我们所见,可以追溯到西塞罗的《论职责》)——比如直立行走、 159
穿着衣物、根据一定的餐桌礼仪进食、在私人场所性交和排泄。而这些都是酷刑折磨者和谋杀者的目标。种族屠杀宣传的修辞都毫不出人意料的是拒绝承认受害者的人性,从《攻击者》(Der Sturmer)上把犹太人画成昆虫的漫画,到卢旺达的胡图族人描述图西族人为"蟑螂"。

正如席勒所见,尊重人性要求我们标明人类的尊严,即使(实际上,特别是)在死亡和受难的环境里,我们动物性的存在的总的物质性事实是不可避免的。所以请允许我用一则著名的康德轶事来结束本书,我觉得这个故事很动人也很给人启发。在康德去世之前9天,这个伟大的人已经很老了,极其虚弱。即便如此,他拒绝在他的客人(他的医生)坐下前落座。当他最终被说服,他说:"人性的感觉还没有离我而去。"[The feeling of *Humanity* has not yet left me(Das
Gefuhl der Humanitat hat mich noch micht verlassen)] 160

注解（此部分页码为原书页码，请参见本书边码）

前言

xiii 关于"等价于证明"：《实用主义》（Utilitarianism），J. S. 密尔（J. S Mill）著：《论解放及其他论文》（*On Liberty and Other Essays*），牛津大学出版社 2008 年版，第 135 页。

1 所有空头道学的教条

1 页。关于"人的表达和尊严"：叔本华（A. Schopenhauer）著：《论道德的基础》（*On the Basis of Morality*），海克特出版社 1965 年版，第 100 页。

2 页。关于"所有人的共同责任"：2006 年 8 月 28 日的信，下载于 http://english. farsnews. net/。

3 页。关于"尊严的道路"（path of dignity）：CBS 新闻，2006 年 10 月 10 日。

3 页。关于“独特自由的组成”(consists of a unique freedom) R. 尼布尔(R. Niebur) 著,载《信仰与历史》(*Faith and History*),施莱布出版社 1949 年版,第 124 页。

3 页。关于“每个人的尊严”(the dignity of each and every human being):J. 毛特曼(J. Moltmann),“基督教,以及重估现代性和西方世界的价值”,载《上帝治理的激情》(*A Passion for God's Reign*),大激流城,密歇根:B. 艾德曼出版社 1998 年版,第 34 页。

3 页。关于“大卫·布鲁克斯”:《纽约时报》,2009 年 7 月 9 日。

4 页。关于“流行媒体”:《博比·罗宾逊爵士》(Sir Bobby Robson)《时报》(伦敦),2009 年 7 月 31 日。

4 页。关于“尊严之基地(Colonia Dignidad)”:布鲁斯·福克纳(Bruce Falconer),《酷刑殖民地》(*The Torture Colony*),《美国学者》(American Scholar),2008 年秋。

5 页。关于“尊严是一个无用的概念”(Dignity is a useless concept):R. 麦克林,“尊严是一个无用的概念”(Dignity is a useless concept),《不列颠医学杂志》(2003 年 12 月 20 日),第 1419 ~ 1420 页。

5 页。关于“带着不必要的晦涩”(With unnecessary obscure):J. 格里芬(J Griffin),《一则关于衡量安康的笔记》(*A Note on Measuring of Well-Being*),收入《人口健康衡量

方法总结》(*Summary Measures of Population Health*),C. L. J. 穆雷(C. L. J. Murray)主编,第 131 页。

5 页。关于“主张的潜在声张者”(potential maker of claims):乔尔 · 弗因堡(Feinberg, Joel),《权利的性质和价值》(*The Nature and Value of Rights*),重印于《权利、正义和自由的边界》(*Rights, Justice and the bounds of liberty*),普林斯顿:普林斯顿大学出版社 1980 年版,第 151 页。

6 页。关于“一种美德”(a virtue):见 A. 科奈(A. Kolnai):《尊严》(*dignity*),重印于《尊严、角色和自我尊重》(*Dignity, Character and Self-Respect*),R. 迪隆(R Dillon)主编,纽约:劳特利奇出版社 1995 年版,第 53 ~ 75 页。

7 页。关于“内在性地失序”(intrinsically disordered):《天主教会教义》(*Catechism of the Catholic Church*),1357 年。

7 页。关于“男同性恋、女同性恋、双性恋和变性者中的天主教徒”(Gay, Lesbian, Bisexual and Transgender Catholics):下载于 DignityUSA. org。

7 页。关于“她被践踏的尊严”(her trampled dignity):http://www.bbc.co.uk/news/world-latin-american 11480968。

8 页。关于“扩张圈子叙事”(expanding circle narrative):参见,例如,J. 格里芬(J. Griffin)《论人权》,牛津大学出版社 2008 年版。第一章。以及,J. 瓦尔德隆 J.

Waldron,《尊严、阶层和权利》(*Dignity, Rank and Rights*),在伯克利关于人类价值的演讲录,牛津大学出版社 2009 年版)。

11 页。关于"带着尊严的愉悦"(cum dignitate otiumcum):《为议员蒲柏琉斯·塞提乌斯所做的演讲》(Speech on Behalf of Publius Sestius),该短语也出现在《论演讲者》(de oratore)中。

12 页。关于"人类尊严的无价值"(unworthy of the dignity of the human race):《论职责》(De Officiis),I,30。

13 页。关于"你被救赎的方式"(Means of your salvation):翻译版见 H. 罗宾逊(H. Robinson)《欧洲历史中的阅读》(*Readings in European History*),波士顿大学 1905 年版,第 72 ~ 73 页。

14 页。关于"对无价值的承认"(acknowledgement of unworthiness):J. 拉斯金(J. Ruskin),《威尼斯的石头》(*The Stones of Venice*),卷 2:《海的故事》(*the Sea Stories*),纽约:科斯莫出版社,第 159 页。

15 页。关于"无尊严"(indignities):《论文集,公民的和道德的》(*Essays, Civil and Moral*),剑桥,麻州:哈佛经典系列 1909 ~ 1914 年版。

16 页。关于"不必要"(not in necessity):《关于离婚的规则和纪律》(*of the Doctrine and Discipline of Divorce*),伦

敦:1644 年版,第 2 页。

16 页。关于“善自身的说法”(goodness on account of itself):《对彼得·兰巴德判决的评论》(*Scriptum super libros sententiarium*),第三书,第三十五卷,第一问题,第四条,解决方法 IC。

18 页。关于“我们所有的尊严都包含在思想中”(all our dignity consists in thought):《思想录》(Pensées),200,企鹅出版社 1966 年版。

18 页。关于“伊格诺贝尔奖”(Ig Nobel Prize):http://improbable.com/ig/winners/#ig2008。

20 页。关于“我可以转变任何事(为与我有益之处)”(I can turn all things):《论一个基督徒的自由》(Von der Freiheit eines Christenmenschens),1520 年,第 15 论。

32 页。关于“受难中的宁静”(Tranquility in suffering):《论优雅和尊严》(über Anmut und Würde,Schiller),斯图加特,乐克拉姆出版社 1971 年版,第 121 页。

33 页。关于“伟大人物在受难和逆境中显露出的勇气”(fortitude with which the great man endures it):载《德国美学和文学批评》(*German Aesthetic and Literary Criticism*),H. B. 尼斯柏特(H. B. Nisbet),剑桥大学出版社 1985 年版,第 42 页。

35 页。关于“崇高的天性”(sublime disposition):论优

雅和尊严》(über Anmut und Würde, Schiller),第 113 页。

35 页。关于"道德上伟大"(morally great):同上书,第 119 页。

35 页。关于"人的道德自由"(moral freedom of the human being):同上书,第 121 页。

39 页。关于"遵照于他的形象"(conformity to his image):《带着对祈祷的反思,对国内外关于流行观点和礼貌道德素描》(*Moral Sketchesof Prevailing Opinions and Manners, Foreign and Domestic, with reflection on Prayer*),1820 年,收录于《汉娜·摩尔全集》(*the Works of Hannah More*),第四卷,伦敦:卡戴尔出版社 1830 年版,第 370 ~ 371 页。

39 页。关于"此时有个黑人走进来"(A black comming at this moment):约翰·伯纳德(John Bonard),《美国旧照,1797 ~ 1811(1880)》(*Retrospections of American*),第 90 ~ 91 页。

41 页。关于"道德中的历史":(History in morality):《德国 - 布鲁塞尔 - 日报》(Deutsch-Brüsseler-Zeitung),第 92 期(1847 年 11 月 18 日)。

42 页。关于"严肃的历史和宗教"(serious philosophies and religions):尼采(Nietzsche),《希腊城邦》(*The Greek State*),收入《早期希腊哲学和其他作品》(*Early Greek*

Philosophy and Other Writings),M. A. 穆格(M. A. Mügge)译,纽约:罗素和罗素出版社 1964 年版,第 3 页。

43 页。关于"劳动的尊严"(dignity of labor):同上书,第4~5 页。

43 页。关于"保存某个体自己的存在"(preserve his individual existence):同上书,第 5 页。

44 页。关于"被战车的车轮碾碎"(Crushed by the wheels of the chariot):同上书,第 7~8 页。

46 页。关于"某人存在的理由:国家的原型"(excuse his existence: the prototype of the state):同上书,第 16~17 页。

47 页。关于"从来既不是受到良好训练的,也不是完成的"(never either well-trained or accomplished):A. 托克维尔(A. Tocqueville)《民主在美国》(*Democracy in America*),第二卷,亨利·李弗(Henry Reeve)译,纽约:殖民地出版社 1899 年版,第 227 页。

57 页。关于"主张的潜在声张者"(potential maker of claims):乔尔·弗因堡(Feinberg, Joel),《权利的性质和价值》(*The Nature and Value of Rights*),第 151 页。

2 尊严的立法

64 页。关于"缺乏某种特定的当地环境"(absence of particular local circumstances): M. 曼纽尔·威肯海姆 诉 法

国政府(Wackenheim, Manuel v. France),法庭通字第854号(1999)(Communication No. 854/1999),联合国文件CCPR/C/75/D/854/1999(2002)(U. N. Doc. CCPR/C/75/D/854/1999(2002)),收录于联合国人权委员会,《在选择性框架下的若干决议》(75节至84节)(*Selected Decisions under the Optional Protocol*)(Seventy-Fifth to Eighty-Fourth sections),2002年7月至2005年3月,纽约:联合国出版社2007年版,第111页。

65页。关于"必须要求适当的尊敬"(must require the proper respect):http://www.conseil-etat.fr/cde/presentation-des-grands-arrets/27-octobre-1995-commune-de-morsang-sur-orge.html。

67页。关于"和公约的目标一致"(compatible with the objectives of the Covenant):M.曼纽尔·威肯海姆 诉 法国政府(Wackenheim, Manuel v. France),第114页。

69页。关于"小身量认识努力赢得的"(little people are trying to gain):珍妮弗·布兰德隆(Jennifer Brandlon),《小身量人士》(*Little People*),联合出版社,巴尔的摩,1989年7月1日。

73页。关于"带个包好玩"(with a bump, is funny):《好玩但不粗俗》,载《奥威尔论文、报道与书信选集》(*Collected Essays, Journalism and Letters of George Orwell*),第三卷,企

鹅出版社1970年版，第325页。

78页。关于“世界正义”：德意志联邦共和国基本法，1949年5月23日，第一章。

81页。关于“可替代亮度”（replaceable magnitude）：毛兹—独里希（Maunz-Dürig），1958年，第一章，第一段。另参看德国宪法法庭判决，45、187、227f.。

88页。关于“通过理性的手段”（by rational means）：C. 克斯加德（C. Korsgaard），《创作目的的王国》（*Creating the Kingdom of Ends*），剑桥大学出版社1996年版，第124页。

89页。关于“无法同意”（could not consent）：O. 欧尼尔（O. O'Neil），《理性的构造》（*Constructions of Reason*），剑桥大学出版社1989年版，第138页。

93页。关于“通过理性的手段”（by rational means）：C. 克斯加德（C. Korsgaard），《创作目的的王国》（*Creating the Kingdom of Ends*），剑桥大学出版社1996年版，第124页。

103页。关于“十个欧洲国家的平均”（An average of ten European countries）：《欧洲价值》，TNS-Sofres，2005年5月，http://www.thebrusselsconnection.be/tbc/upload/attachment/Eurppean%20Values%20Overall%20EN.pdf。

118页。关于“仅仅作为手段”（as a mere means）：C. 克斯加德（C. Korsgaard），《创作目的的王国》（*Creating the Kingdom of Ends*），剑桥大学出版社1996年版，第139页。

120页。“没增添任何内容”(add nothing):《尊严的愚蠢》(*the stupidity of Dignity*),《新共和》(*New Republic*),2008年5月28日。

122页。关于“去除”(to dispose of):《天主教会教义》(*Catechism of the Catholic Church*),2280。

122页。关于“仅仅作为手段”(as a mere means):C.克斯加德(C. Korsgaard),《创作目的的王国》(*Creating the Kingdom of Ends*),剑桥大学出版社1996年版,第124页。

124页。“对他人有害”(harm to others):约翰·斯图加特·密尔(John Stuart Mill),《论解放》(*on Liberty*),第一章。

3 对人性的责任

130页。关于“责任及其质量”(and its quality):《自由的道德性》(*the Morality of Freedom*),牛津大学出版社1986年版,第194页。

137页。关于“极端的例子”(extreme instance):《伦理原则》(*Principia Ethica*)(1903年),剑桥大学出版社1989年版,第179页。

139页。关于“没有权利的责任”(Duties without rights):O.欧尼尔(O. O' Neil),《理性的构造》(*Constructions of Reason*),剑桥大学出版社1989年版,第179页。

145页。关于“价值的来源”(Source of Value):C.克斯

加德（C. Korsgaard ），《创作目的的王国》（*Creating the Kingdom of Ends*），剑桥大学出版社 1996 年版，第 124 页。

147 页。关于"结束那悲惨"（Ending that misery）：同上书，第 158 页。

147 页。关于"日常生活"（everyday lives）：同上书，第 100～101 页。

151 页。关于"追求之"（to pursue it）：同上书，第 126 页。

索引（此部分页码为原书页码，请参见本书边码）

Abhörurteil（监督性判定），115~117页

Abortion（流产、堕胎），96~99、102~104、109、115页

Action/Agency（行动/代理力）：天主教思想，97~99页，格里芬：5页，康德，26、84、86、93、151页，克斯加德，88、99、145~147、151页，欧尼尔，88~89页，席勒：34~36页，对尊严的侵犯：111~113页。另参看Autonomy（自律性），Voluntarism（唯意志论）

Adenauer Konrad（科纳德·阿登纳），80、91页

Aesthetics（美学），31~32，35页

Agency（代理力），参看Action/Agency（行动/代理力），Autonomy（自律性），Voluntarism（唯意志论）

Ahmadinejad Mahmoud（阿赫迈内贾德·穆罕穆德），2~3页

Airline hijacking（飞机劫持），105~110、113、118~119页

Animals, dignity and（动物尊严

及其他）,12 页
Aquinas, Thomas（托马斯·阿奎那）,16～17、22、23、47～28 页
Arcanum Divinae Sapentiae (Leo XIII)［《神圣智慧之秘密》（利奥八世）］,49 页
Aristocracy（贵族）,38 页,另参看 Hierarchy（等级）
Arrogance（傲慢）,27 页
Arruda, Geisy（吉西·阿鲁达）,7 页
Autonomy（自律性）：天主教思想,97～99、120～121、126 页,康德自律性:21～22、25～26 页、30 页；哲学和自律性,5、120～122 页、美国自由主义和自律性,126 页
Bacon, Francis（弗朗西斯·培根）,15～16、17 页
Balancing of dignity（权衡尊严）,107～110 页
Beauty, goodness and（美与善）,136～138 页
Beethoven, Ludwig von（贝多芬）,36 页
Behavior, dignified（被赋予尊严意义的行为）,30、31～38、47、56～60、121 页
Behavior, undignified（被剥夺尊严的行为）：它与国家的关系：68～73 页、价值：71～73 页
Benedict XVI (Pope)（教皇本尼迪克特十六世）,94 页
Bernard, John,伯纳德·约翰,39～40 页
Bio－ethics,生物伦理学,96～99 页
Böckenförde, Ernst-Wolfgang（沃尔夫冈·博肯弗德）,91 页
Bossuet Jacques-Benigne（博叙埃·雅克—拜涅主教）,18 页
Brook, David（大卫·布鲁克斯）,3～4 页
B'Tselem (dignity)［（尊严存于）神之形中］,11 页

Bundersrepublik(联邦共和国)，79、91、93 页
Bundersverfassungsgericht(德国宪法法庭)，78、102 页
Cario Delaration on Human Rights in Islam，53、54 页
Caricatures(讽刺漫画)，76 页
Categorical imperative (Kant)[绝对律令(康德)]，81、87、90 页
Catholic Church(天主教会)，3、6~7 页
天主教会反平等主义思想，8~9、13~14、48~51、92 页
天主教会与作为内在价值的尊严，16~17、47~48、93~94 页
天主教会的社会训谕中平等主义的进步，51~53、56、92~94 页
天主教会对人类自由的观点，94~95、98~100 页
天主教会的道德观点，94 页
天主教会对相对主义的观点，95、99~100 页
天主教会对性向和生物伦理学的观点，96~99 页
天主教会和自杀，121~123 页
CDU (Christlich Demokratische Union)(基民盟)，80~91 页
Cicero(西塞罗)，11~12 页
Civic dignitaries(社会贤达)，19~20 页
Cohen v. Californian(科恩诉加利福尼亚)，124~125 页
Cold Jokes(冷笑话)，158 页
Colonia Dignidad (尊严之基地)，4 页
Comedy(喜剧)，73 页
Commentary on the sentences (Aquinas)[《判定简评》(阿奎那)]，16~17 页
Communism(共产主义)，92 页
Conseil d' Etat (法国最高法院)，63~65 页
Consent(准许)：准许和尊严，118~119 页，被告之和准许，120~121 页

Consequentialism（结果主义），参看 Utilitarianism（实用主义）
Corpses, respect for（尊重尸体），127～160 页
外部主义和尊重尸体，133～135 页
人道主义和尊重尸体，129～131 页
非人事物和尊重尸体，135～138 页
实用主义和尊重尸体，130～133 页
Criminal behavior（犯罪行为），113～114 页
Critique of Judgement（Kant）[判断力批判（康德）]，28 页
Critique of Practical Reason（Kant）[实践理性批判（康德）]，29、81、144～145 页
CSU（Christlich-Soziale Union）（基督教社会联盟），91～93 页
Daschner，Wolfgang（沃尔夫冈·达施纳），104～105 页
Death with dignity（带着尊严的死亡），6～7、121～123 页
De Dignitate et Augmentis Scienti-arum（Bacon）[《学问的尊严和长处》（培根）]，15～16、17 页
De Dignitate Hominis（Pico）[《人之尊严》（皮科）]，14～15 页
Democracy in America（Tocqueville）（《民主在美国》），47 页
De Officiis（on duties）（Cicero）[《论职责》（西塞罗）]，11～12 页
Deontology，道义论，104、107、111、131、139 页
Dignity harms（尊严有害），158～159 页
Dignitas（尊严），12～13 页
Dignitas（organization）（"尊严"）（安乐死组织），6～7 页
"Dignity Is a Useless Concept"

(麦克林)(“尊严是无用的观念”),5、120页
Dignity USA (organization),7页
Diuturnum (Leo XIII)[《论内战的起源》(利奥八世)],50~51页
Günter,Dürig(君特·杜里希),81~91页
Duty(责任),以责任为基础的道德理论,138~142页
责任和优雅和英雄主义,36页
康德的责任观,87、90、142~156页
责任和尊重,10、29、55、61、157页
自我认定的责任,148页
去除柏拉图主义因素的责任,156~170页
Dwarves(侏儒),63~69页
Dworkin,Ronald(罗纳德·德沃金),131页
Ends,people as(人作为目的),85~86、88~89、99~100、118页
Equality(平等),38~46页
天主教平等观,48~53页
康德平等观,27、31、41页
席勒平等观,41页
Ethics Kantian(康德伦理学),143~144、155页,参看Morality-道德性
European convention on Human Rights(欧洲人权公约),68页
Evangelium Vitae(约翰·保罗二世)(《生命福音》),3、51~52、94、97~99页
Expanding circle narrative(圈子扩张叙事),8页
Externalism(外部主义),133~135页
Falwell,Jerry(杰弗里·福尔韦尔),125页
Feinberg,Joel(乔尔·弗因堡),5、57页
Fidelio (opera) (Beethoven)[《费德里奥》(贝多芬的歌

剧)],36 页
Finaler Rettungsschuss(致命手段),105、113 ~ 114 页
Forfeiture of dignity(剥夺尊严),113 ~ 114 页
Formula of Humanity(Kant)[人性公式(康德)],87 页
Freedom(自由),94 ~ 95、98 ~ 100 页
French Revolution,38、40 ~ 41 页
Gäfgen,Magnus(玛格努斯·嘎夫根),105、110 页
Gelasius I (Pope)(教皇格拉西乌斯一世),13 页
Geneva Convention(日内瓦公约),58 ~ 60 页
Genocidal propaganda(种族屠杀宣传),160 页
German Democratic Republic(德意志民主共和国),79 页
Germany,legal system of.(德国法律系统),参看,Grundgesetz (Basic Law) of the Federal Republic of Germany - 德意志联邦共和国基本法
Glover,Jonathan,乔纳森·格洛弗,158 页
Goodness(善):
外部主义和善,133 135 页
人道主义和善,129 ~ 131 页
非人的事物和善,136 ~ 138 页
柏拉图主义和善,135 ~ 136 页
实用主义和善,130 ~ 133 页
美德伦理和善,140 页
Grace and dignity(优雅和尊严),31 ~ 38 页
Gravitas(庄严),13 页,参看 Dignitas - 尊严
"Greek State, The"(Nietzsche)[希腊城邦(尼采)],41 ~ 42 页
Griffin,James(詹姆斯·格里芬),5 页
Groundwork to the Metaphysics of Morals (Kant)(《道德形而上学基础》),20 ~ 23、27 ~ 28、29、87、144 页

Grundgesetz (Basic Law) of the Federal Republic of Germany (联邦德国基本法)
天主教堂和联邦德国普通法,53、56、80、90~100页
天主教堂和联邦德国普通法中的尊严,2、77~80、126页
解释天主教堂和联邦德国普通法,100~104页
天主教堂和联邦德国普通法的康德背景,80~90页
Haggerston Baths (Hackney)(哈格斯顿洗浴中心),71~72页
Heinzen,Karl(卡尔·海因岑),41页
Herder, Johann Gottfried(约翰·哥特弗莱·赫德),32、33页
Heroism(英雄主义),36页
Hierarachy(等级秩序),47~54页
Home,Henry (Lord Kames)(卡玫斯勋爵亨利·休谟),31页
Honor(荣誉),27、36页
Human dignity(人类尊严),12、17~19页
弗因堡的观点,57页
康德和人类尊严,23~24、144~145页
Humanism(人道主义),129~131页
康德和人道主义,142~143、150、155页
尼采关于人道主义的观点,45~46页
Humanitarianism,sentimental(感伤的人道博爱主义),41、43~45页
Humanity, Formula of (Kant)(康德的人性公式),80~90页
Humanity: A Moral History of the Twentieth Century (Clover)[《人性:20世纪的道德史》(格洛弗著)],158页
Humanity in my person (Kant)

[在我个人身上的人性(康德)],122～123 页
Human rights(人权),参看 rights,human－人的权利
Human Rights Committee(UN)(联合国人权委员会),66～67 页
Humiliation(羞辱),60、74～75、127、158～160 页
Humility(自卑),26 页
Humor(幽默),73 页
Hustler Magazine,Inc. v. Falwell(法沃尔 诉《骗子》杂志有限公司),125 页
Ig Nobel Prize[伊格(Ig)诺贝尔奖],18 页
Informed consent(有充分信息的共识),120～121 页
Inner Transcendental Kernel(内在的超越性的内核),9、31、55 页
内在的超越性的内核和基本法,109、114 页
康德和内在的超越性的内核,143、147 页
国家和内在的超越性的内核,70、74～77 页
"In Search of Dignity"("搜寻尊严")(布鲁克斯),3～4 页
International Covenanton Civil and Political Rights(公民权利和政治权利国际公约),66、68 页
Inviolability,dignity and,尊严的不可侵犯性
天主教思想和尊严的不可侵犯性,6～7、96～98 页
维持尊严不可侵犯性的困难,126 页
在德国基本法中的尊严不可侵犯性,2、77～79 页
人权和尊严不可侵犯性,53～54 页
康德和尊严不可侵犯性,55、80、93 页
尊严不可侵犯性和法律言说,77 页
John Paul Ⅱ(Pope)(约翰·保

罗二世),3、6、51～53、94～100、120～121页
Kant, Immanuel(伊曼努尔·康德)
康德和自律性,21～22、25～26页
康德和绝对律令,81、87、90页
康德和被尊严化的行为,30、61页
康德的责任观,xv、87、90页
康德和以责任为基础的方法,142～156页
康德和平等,27、31、41页
康德的伦理学,143～144、155页
康德的人性公式,80～90页
康德的普遍法则公式,87页
康德和道德性,10、23～26、30～31、55～56、144、153页
康德和柏拉图主义,10、143、145页
康德和尊敬,26～27、30、150、152～156页
康德和席勒,36～37页
康德和崇高,28～30页
康德和自杀,122～123、146～153页
康德和内在价值,10、19～23、30～31、55、80、86、143、153～155页
Kidnapping(绑架),104～105、108、110～111页
Korsgaard, Christine(克里斯汀·克斯加德),87～89、93、118、122、145～147、151页
Labor, dignity of(劳动的尊严),42～45、48～51页
Laocoon Group(拉奥孔群像),32～33页
Lawgiving, Kant on(康德的立法观),25～26页
Laws on dignity(关于尊严的法律),9、63～128页
航空法和关于尊严的法律,105～110、113、118～119页
天主教思想和关于尊严的法律,90～100页
尊严法律的模糊之处,67～68、76～77页

人性公式和关于尊严的法律，80～90页
基本法和关于尊严的法律，77～104、126页
蔑视人类和关于尊严的法律，73～76、125页
在关于尊严的法律中调和矛盾，107～119页
酷刑和关于尊严的法律，104～105、108、110、111、113页
被剥夺尊严的行为和关于尊严的法律，63～73、125～126页
唯意志论和关于尊严的法律，119～125页
Lectures on Ethics(Kant)(关于伦理学的演讲)，152
Legislation(立法)，参看 关于尊严的法律
Leo XIII (Pope)(教皇利奥八世)，48～51、93页
lèse-majesté(冒犯君威罪)，74页
Life, the right to(生命的权利)
流产和生命的权利，96～99、102～104、115页
航空劫持和生命的权利，109～110、114页
绑架和生命的权力，104～105、107页
Little People of America(美国小身量人士协会)，69页
Luther, Martin(马丁·路德)，20页
Macklin, Ruth(露丝·麦克林)，5、20页
Jacques Maritain(雅克·马里谭)，53页
Marx, Karl(卡尔·马克旦)，41页
McCrudden, Christopher(克里斯托弗·麦克拉登)，ix
Meaning of "dignity"(尊严的意义)，参看 Strands of meaning(意义的线索)
Means, treating people as(把人当作手段)，80、82～85、99～100、118页
Merkel, Angela(默克尔·安吉

拉),2 页
Metaphysics of Morals (Kant)(道德形而上学),26、80、147 页
Metzler,Jacob von(雅各布·冯·梅茨勒),104 ~ 105、110、113 页
Mill,John Stuart(约翰·斯图尔特·密尔),xii、123 ~ 124 页
Milton,John(约翰·弥尔顿),16 页
Moltmann,Jurgen(于尔根·莫尔特曼),3 页
Moore,George Edward(乔治·爱德华·摩尔)
Morality(道德性)
拥有道德性的能力,57 ~ 58 页
天主教关于道德性的观点,94 ~ 95 页
康德关于道德性的观点,23 ~ 26、30、55 ~ 56、144、153 页
席勒关于道德性的观点,34 ~ 35 页
意志和道德性,34 页
Morality of Freedom,The(Raz)(《自由的道德性》约瑟夫·拉兹),130 页
Moral Law,Kant on(康德关于道德律令的观点),25 ~ 26、30 ~ 31、38、55、61 页
Moral theories/philosophy (道德理论/哲学)
以责任为基础的道德理论/哲学,139 ~ 142 页
道德理论/哲学中的革命,155 ~ 156 页
以权利为基础的道德理论/哲学,139 页
Moral will(der Wille,Kant)[道德意志(康德)],34 页
More,Hannah(汉娜·莫尔),38 ~ 39 页
Morsang-sur-Orge (France)[奥格河上的摩尔桑市(法)],63 ~ 65、68 页
Mulieris Dignitatem (John Paul Ⅱ)《妇女的尊严》(约翰保罗二世),52 ~ 53 页

"Nature of Gothic, The" (Ruskin)[《哥特的性质》(拉斯金)],14 页
Nazi,Regime(纳粹暴政),112、158 页
Niebuhr, Reinhold(雷茵霍尔德·尼布尔),3 页
Nietzsche, Friedrich(弗里德里希·尼采),41 ~ 46、142 页
Noumenal realm(Kant)[本体界(康德)],145、154 ~ 155 页
Robert, Nozick(罗伯特·诺兹克),111 页
Obama, Barack(巴拉克·奥巴马),3 ~ 4 页
Object formula (Objektformed, Dürig)[客观公式(杜里希)],81 页
"of the Doctrine and Discipline of Divorce" (Milton)[《关于离婚的规则和纪律》(弥尔顿)],16 页
on Christian Liberty (Luther)[《论基督式的解放》(路德)],20 页
O'Neill, Onora(欧娜拉·欧尼尔),88 ~ 89、139 页
OnGrace and Dignity (über Anmut und Würde, Schiller)[《论优雅和尊严》(席勒)],31 页
On Human Dignity (Moltmann)[《论人类的尊严》(毛特曼)],3 页
Orwell, George(乔治·奥威尔),73 页
Parfit, Derek(德里克·帕菲特),84 页
Pascal, Blaise(布莱斯·帕斯卡尔),17 ~ 18 页
Person/personhood(人/人格性)
康德关于人/人格性的观点,85 ~ 86、93、122 ~ 123、144 ~ 145、150 ~ 153 页
美国最高法院关于人格性的观点,124 页
Philosophy(哲学)
尊严与哲学,4 ~ 10 页

哲学作为整体论的学科，xi ~ xii 页
哲学的不易接受，ix ~ xi 页
另参看 道德理论/哲学
Pico della Mirandola, Giovanni（乔瓦尼·皮科·德拉·米兰多拉），14 ~ 15、17、24 页
Pinker, Steven（斯蒂文·平克），119 ~ 120、125 页
Planned Parenthood of Southeastern pa. v. Casey（西南宾州预备中父母协会诉凯西案）
Plants, dignity of（植物的尊严），18 ~ 19 页
Platonism（柏拉图主义），135 ~ 136 页
不带有责任的柏拉图主义，156 ~ 160 页
康德和柏拉图主义，10、143、145 页
Police powers（警察权力），63 ~ 68 页
Political theory vs. philosophy（政治理论对比哲学），xv ~ xvi
Principia Ethica（Moore）[《伦理学原理》（摩尔）]，137 ~ 138 页
Prison of war（战俘），58 ~ 60 页
Prostitution（卖淫），69 ~ 70 页
Public order（公共秩序），63 ~ 68 页
Punishment, humiliation and（羞辱和惩罚），74 ~ 75 页
Quod Apostolici Muneris（Leo XIII）[《论社会主义》（利奥八世）]，48 ~ 49 页
Rank（阶层），见 Status（地位）
Ratzinger, Joseph（约瑟夫·拉辛格）（本尼迪克特十六世），94 页
Rawls, John（约翰·拉尔斯），89、139 页
Raz, Joseph（约瑟夫·拉兹）
Relativism（相对主义），95、99 ~ 100 页
Religion within the Limits of Reason（Kant）[《纯粹理性界

限内的宗教》(康德)],37～38页
Respect(尊敬)
尊敬的态度,143～144页
责任和尊敬,10、29、55、61、157页
人类尊严和尊敬,5、57页
康德和尊敬,26～27、30、150、152～156页
关于尊敬的哲学谜题,9～10页
宗教和尊敬,156～170页
受尊敬的权力,54～61页
Respect-as-observance(以守德为尊敬),58、61、114～115页
Respect-as-respectfulness(以尊重性为尊敬),58、61、115页
Reverence(尊崇),156页
缺乏尊崇73～76页
Rights,human(人权)
权衡人权,109～111页
和尊严对比的人权,53～54页
剥夺人权,101页
对人权的描述,6页
尊严和人权,2、53、54页
尊重人权,64～61页
作为额外约束的人权,111页
参看 Life,the right to(生命的权利)
Rights-based moral theory(以权利为基础的道德理论),139页
Roe v. Wade(罗伊诉韦德一案),124页
Ruskin,John(约翰·拉斯金),14页
Schiller,Friedrich(弗雷德里希·席勒),31～38、41、56、160页
Schopenhauer,Arthur(叔本华·阿瑟),1、41页
Sexuality and bio－ethics(性和生物伦理),96～99页
Slavery(奴隶制),39～44页
Smith,Adam(亚当·斯密),31页
Socialism(社会主义),92页
SPD(Sozialdemokratische Partei Deutschlands)(社会民主党),80页

Squeamishness（令人作呕），132 页
State（国家）
国家行动，112～123 页
剥夺尊严的行动和，68～73 页
Status and dignity（地位和尊严），11～15、41、54～55、61 页
Strands of meaning（尊严意义的诸线索），8、19、40、41、54、61 页
行为作为尊严意义，参看“被赋予尊严的行为”
立法和尊严意义的诸线索，114～119 页
地位作为尊严意义，参看“地位和尊严”
被对待的方式作为尊严意义，参看“被对待的方式和尊严”
内在价值作为尊严的意义，参看“内在价值和尊严”
Strauss，Franz-Josef（弗朗茨—约瑟夫·施特劳斯），76、110～111 页
“Stupidity of Dignity，The”（Pinker）[《尊严的愚蠢》（平克）]，119～120 页
Subjectivity（主体性），97～98 页
Sublime，the，Kant and（崇高，康德于崇高），28～30、38 页
Suicide（自杀），121～123、146～153 页
Supreme Court（U. S.）（最高法庭），124～135 页
“Sur l’eminente dignite des pauvres dans l’Eglise”（Bossuet）[《论教会的贫困中至尊的尊严》（博叙埃主教）]
Swiss Federal Ethics Committee on Non-Human Biotechnology（EC-NH）（瑞士联邦非人类生物技术伦理委员），4、18～19 页
Teleology（目的论），139 页
Thought on the Imitation of the Painting and Sculpture of the

Greeks (Winckelmann)[《关于希腊绘画和雕塑中模仿的思想》(温克尔曼)]
Tocqueville, Alexis de(艾列克谢·德·托克维尔),47 页
Torture(酷刑折磨),104 ~ 105、108、110、111、113、158 页
Translation of "dignity"("尊严"的翻译)
培根和尊严的翻译,15 ~ 16 页
圣经和尊严的翻译,11 页
在神之形中和尊严的翻译,11 页
西塞罗的尊严和尊严的翻译,11 ~ 12 页
尊重和尊严的翻译,156 页
崇高和尊严的翻译,28 ~ 29 页
Treatmentand dignity(被对待的方式和尊严),57 ~ 62、126 ~ 127 页
贬损与被对待的方式和尊严,159 ~ 160 页
基本法与被对待的方式和尊严,115 ~ 119 页
国家权力与被对待的方式和尊严,75 页
Ukraine penal code(乌克兰刑法),74 页
United Airlines Flight 93(联合航空 93 号航班),93、119 页
Universal Declaration of Human Rights(联合人权宣言),2、53 页
Universalizability-test approach(普遍性测试方法),146 页
Universal Law, Formula of (Kant)[普遍法则公式(康德)],87 页
Utilitarianism(实用主义),86、130 ~ 133、139、155 页
Utilitarianism (Mill)[《实用主义》(密尔)],xii
Value(intrinsic) and dignity(内在价值和尊严),15 页
天主教堂与内在价值和尊严,16 ~ 17、47 ~ 48、61 页
基本法与内在价值和尊严,115 页

康德与内在价值和尊严,19～23、30～31、55、61、80、86、143、153～155页
柏拉图与内在价值和尊严,143页
Vatican, Second Council of(第二次梵蒂冈公会议),93页
Verfassungsgericht(德国宪法法庭判决),75～76页
德国宪法法庭对流产的判决,102～104页
德国宪法法庭判决对恶劣对待方式的判决,115～119页
德国宪法法庭判决对酷刑折磨的判决,105页
德国宪法法庭判决对尊严的冒犯的判决,109～110、113页
Veritatis Splendor (John Paul Ⅱ)(《真理的宏伟》),94～95、99～100、120～121页
Virtue ethics(美德伦理),140页
Voluntarism(唯意志论)
天主教对唯意志论的驳斥,94、97～100页
康德主义和唯意志论,89、145～147、151页
立法和唯意志论,119～125页
Wackenheim, Manuel(M,纽尔·威肯海姆),63、65～69、76页
Wakeling, E. J.(E. J. 威克灵),72页
Washington, George(乔治·华盛顿),39～41页
World War Ⅱ(第二次世界大战),53页
Worth, dignity and(价值和尊严),2、14～16、19～20页

天
下

图书在版编目(CIP)数据

尊严：历史和意义 / (英) 迈克尔·罗森著；石可译.——北京：法律出版社, 2018
书名原文: Dignity Its History and Meaning
ISBN 978-7-5197-1881-7

Ⅰ.①尊… Ⅱ.①迈…②石… Ⅲ.①尊严 — 研究 Ⅳ.①B82

中国版本图书馆CIP数据核字(2018)第003574号

尊严：历史和意义
ZUNYAN:LISHI HE YIYI
［英］迈克尔·罗森 著
石可 译

策划编辑 高 山
责任编辑 屈 瑶
装帧设计 陈明泽

开本 A5
版本 2018年6月第1版
出版 法律出版社
总发行 中国法律图书有限公司
印刷 中煤（北京）印务有限公司

印张 6.25 **字数** 109千
印次 2018年6月第1次印刷
编辑统筹 学术·对外出版分社
经销 新华书店
责任印制 陶松

法律出版社/北京市丰台区莲花池西里7号(100073)
网址/www.lawpress.com.cn
投稿邮箱/info@lawpress.com.cn　　销售热线/010-63939792
举报维权邮箱/jbwq@lawpress.com.cn　　咨询电话/010-63939796

中国法律图书有限公司/北京市丰台区莲花池西里7号(100073)
全国各地中法图分、子公司销售电话：
统一销售客服/400-660-6393
第一法律书店/010-63939781/9782　西安分公司/029-85330678　重庆分公司/023-67453036
上海分公司/021-62071639/1636　深圳分公司/0755-83072995

书号： ISBN 978-7-5197-1881-7　　**定价：** 45.00元
(如有缺页或倒装，中国法律图书有限公司负责退换)